Jon Rahm. Señalado por los dioses

De Mickelson a Tiger

David Durán
Alejandro Rodríguez

SAMARCANDA

Jon Rahm. Señalado por los dioses
De Mickelson a Tiger

Fotografías páginas 35-39: ©Gabi de la Maza
Fotografías páginas 40-41: ©José Ángel Peña
ISBN: 978-84-18401-89-3
ISBN e-book: 978-15-24316-84-6
Producción editorial: Lantia Publishing S.L.
Plaza de la Magdalena, 9, 3 (41001-Sevilla)
www.lantia.com
IMPRESO EN ESPAÑA – PRINTED IN SPAIN

Prólogo de Phil Mickelson

Hay miles de jugadores de golf excelentes. Sin embargo, mi larga experiencia en el mundo profesional, y supongo que también el puro instinto, me han ayudado a detectar a aquellos que son especiales. Que tienen ese algo más que los diferencia del resto. Las cualidades técnicas, que obviamente son muy importantes, quedan entonces en un segundo plano. Puede ser la determinación o simplemente el deseo, el fuego, que ves en ellos.

Desde mucho antes de que se hiciera profesional estuve seguro de que Jon Rahm se incluía en ese reducido grupo de jugadores y así se lo hice saber a todo el que me quiso escuchar. No siempre se acierta, es verdad, pero creo que en este caso ya no puede haber duda al respecto. Después, la carrera es larga, llena de obstáculos, y puedo asegurar que uno nunca puede relajarse, pensar que ya está todo hecho y que todo irá siempre bien. No siempre se cumplen todos los objetivos ni se superan todos los retos, porque no siempre querer es poder, ni todos los sueños se cumplen, pero lo esencial es no rendirse nunca y tener delante otro reto, permanentemente. Jon aún tiene mucho que hacer, disfrutar, sufrir, vivir y trabajar. Es la vida. Este libro cuenta una parte pequeña de su trayectoria, pero en realidad él no ha hecho más que empezar.

Por último, diré que hay una capacidad concreta que define a los mejores jugadores y que consiste en que pueden establecer, en un momento dado de una vuelta de competición, qué es lo que necesitan para ganar: un birdie, dos birdies, lo que sea. Entonces van a por ello y muchas veces lo consiguen. Jon tiene esa capacidad y por eso creo que más pronto que tarde lo veremos ganando algún 'major'.

Introducción

Es imposible determinar, siquiera imaginar, qué le deparará el futuro a Jon Rahm, una de las más recientes y fulgurantes apariciones estelares del deporte español y el golf mundial. Fulgurante aparición, sí, aunque no por inesperada (su excelsa carrera amateur invitaba a colgarle la etiqueta de fenómeno), sino más bien por su particular manera de saltar de dos en dos los escalones de su adaptación al nuevo medio, la jungla profesional.

Apenas anda cerrando la primera mitad de la tercera década de su vida, así que en ningún caso vamos a catalogar este relato de biográfico, aunque algo tenga de ello, pues al fin y al cabo se trata de sus vivencias. Digamos que es un capítulo muy concreto de ellas, un episodio capital y de singular importancia en todo lo que a partir de ahora tenga que acontecer, que lo señala como uno de los ungidos, con una brutal carga simbólica, pues símbolos perennes son ya en la historia del golf Phil Mickelson y Tiger Woods, las dos figuras que marcan el principio y el fin de la historia que aquí se desarrolla.

Este relato cubre el vertiginoso proceso que llevó a Jon Rahm, desde su etapa amateur, a completar el ciclo de los elegidos. ¿Qué ciclo es éste, tal y como lo entendemos los autores de esta obra?

Son muy pocos los jugadores que en un periodo tan corto son capaces de dar el salto al profesionalismo y cerrar el gran círculo de la excelencia, aquel que comienza por ganarse una plaza como miembro en los dos circuitos más importantes del mundo, el PGA Tour y el European Tour, manteniendo el estatus en ambos con soltura, que continúa con la presencia continuada en todas las grandes citas del calendario (campeonatos de mundo y, sobre todo, Grandes), el acceso al top ten en el ranking mundial y que se cierra con la participación en el gran evento del golf mundial, la Ryder Cup.

Una vez que Jon Rahm jugó la Ryder de París en 2018, y aunque ni siquiera había cumplido entonces los 24 años, sintió que se había cerrado un primer gran ciclo, seguramente porque ya se había probado en todos los grandes acontecimientos. Pero no sólo por eso: «Pasaron cosas en aquella Ryder que realmente suceden muy pocas veces. Por ejemplo, en el tiempo que yo llevaba como profesional ya había jugado alguna vez con todos los jugadores de aquel equipo estadounidense. Con todos menos con uno: Tiger Woods. Precisamente Tiger. Y me tocó contra él en los individuales del domingo. Era como si estuviera escrito, como si aquello estuviera hecho para mí y se cerrara un círculo en mi corta carrera», rememora el campeón de Barrika, en declaraciones realizadas en exclusiva, que salpican —bañan, incluso— toda la narración y que, entre otros muchos recuerdos, aportan un testimonio único, inédito y absolutamente singular, de aquel duelo en el Golf National francés, un verdadero aluvión de sensaciones, sentimientos, datos técnicos, incertidumbres y medias certezas que en sí mismo ya merecieran un volumen.

Al fin y al cabo, hasta el día de la edición de este libro, sólo siete jugadores se han enfrentado a Tiger en los individuales de la Ryder. Antes que Rahm lo habían hecho Constantino Rocca

(1997), Andrew Coltart (1999), Jesper Parnevik (2002), Paul Casey (2004), Robert Karlsson (2006), y Francesco Molinari en dos ocasiones (2010 y 2012). Sólo Rocca, antes que Jon, había doblegado al californiano, aunque Parnevik y Molinari, en aquel inolvidable Milagro de Medinah, también arañaron sendos empates. No son tantos los señalados, pero, sobre todo, Jon era el primer español que se veía las caras en tal circunstancia con el dios del golf contemporáneo. Se cerraba así otro pequeño círculo, pues era de pura 'justicia deportiva' que la Ryder, Tiger y el golf español, auténtico y decisivo revitalizador del evento desde 1979, se dieran la mano al menos una vez en los individuales del domingo.

No era la primera vez que Jon había sido señalado por los dioses, si se nos permite esta licencia literaria. De hecho, antes incluso de los albores de su carrera hubo, más que una señal, casi una tutela, que el destino tejió de un modo mucho más tupido y consistente, la que ejerció Phil Mickelson durante los años que Rahm pasó como universitario en Arizona. Una curiosa relación que tuvo sus picos sobresalientes y concretos en cuatro encuentros, cuyas singularidades y particularidades no son conocidas y que desde luego serán aquí desarrolladas y desmenuzadas por el jugador de Barrika. Son algo así como pequeñas y bellísimas joyas de una trayectoria que, entre otras cosas, alimentan indiscutiblemente el mito.

Estos cuatro encuentros con Mickelson vertebran la segunda parte del libro, mientras que la tercera discurre a través del 'antes inmediato' y el 'rabioso durante' del gran duelo ante Tiger en la Ryder, aquel con el que Jon Rahm cerraba el primer gran ciclo de los elegidos. La primera parte del libro es la que, antes de bajar a la arena, a la pura acción de los hechos referidos, trata de explicar, o al menos de describir, la singularidad del protagonista, con profusión de valiosos testimonios de quienes asistieron en primera fila al alumbramiento del fenómeno. Cómo y por qué Jon Rahm es como es.

Por último, y referente a la segunda y tercera partes, casi no hace falta abundar en el impacto que Phil Mickelson y Tiger Woods han tenido en el golf mundial a lo largo y ancho de la última década del siglo XX y las dos primeras del XXI, especialmente Woods, pero por si acaso vamos a subrayarlo a través de unos datos concretos, uniendo ambas trayectorias, que resultan demoledores:

Desde que Phil Mickelson se hiciera profesional, en junio de 1992 (Tiger lo hizo en agosto de 1996), y hasta la edición de este libro, se habían disputado 111 'majors'. Pues bien, en 37 de esos 111 Grandes uno de estos dos jugadores terminó primero o segundo y en otro más (US Open de 2002) coincidieron, siendo Tiger primero y Phil, segundo. O lo que es lo mismo: en ese tiempo (28 años), en uno de cada tres 'majors' disputados (34,23 por ciento) alguno de los dos californianos quedó primero o segundo.

El porcentaje y el asombro crecen exponencialmente si acotamos el cálculo al periodo 1999-2010, doce temporadas completas en las que se disputaron 48 'majors': en 28 de ellos (cerca de un sesenta por ciento: 58,33), uno de estos dos jugadores acabó primero o segundo. No hace falta aportar muchos más detalles, aunque no nos resistimos a exponer otro: en la historia del golf y de los Grandes, y con el recuento hecho hasta 2019, sólo Jack Nicklaus había ganado más 'majors' que Tiger (18-15) y había terminado segundo más veces que Mickelson (19-11).

NOTA: Todos los testimonios que aparecen han sido recogidos de los protagonistas expresamente para la edición de este libro, salvo las citas de otras obras que aparecen convenientemente señaladas.

PRIMERA PARTE: SEÑALADO POR LOS DIOSES: POR QUÉ JON ES COMO ES

Siempre hay una primera gran pregunta que hacerse: ¿cuál fue el hecho, situación o acontecimiento que cabría situar como origen de todo? En este caso, podríamos enfocarla un poco más: ¿cuál fue el primer eslabón de la cadena que ha llevado a Jon Rahm hasta donde está, más allá de su nacimiento, un 10 de noviembre de 1994, y hasta del día en que su padre, Edorta, y su madre, Ángela, se conocieron?

Recogiendo el hilo del tiempo resulta muy curioso acreditar la secuencia de pequeñas circunstancias que, unidas unas a otras desembocan, por ejemplo, en la forja de un gran campeón. En la familia Rahm, de entrada, existe el pleno convencimiento de que la celebración de la 32ª edición de la Ryder Cup en Valderrama, a finales de septiembre de 1997, resultó determinante. Y hay que convenir que no está nada mal como arranque de la historia de un jugador de golf, mucho más si se le atribuyen rasgos de extrema singularidad, como es el caso. Pero siempre hay un recodo del camino, un poco más allá, al que se puede llegar. Quizá, sin ir más lejos, el origen del campeón golfista haya que buscarlo en la afición de Edorta Rahm, padre de Jon, a la práctica de cualquier deporte, y más en concreto a la del pádel... Todo tiene su explicación.

Antes de que aquella Ryder de 1997 se disputara, Edorta jugaba su partido semanal de pádel con algunos amigos. Dos de ellos, José Luis Esquiroz y Javier Imaz, conocían al que era entonces vicepresidente de la Federación Española de Golf, Gonzalo Guzmán, y fue él quien les animó a asistir al gran evento, en Valderrama, facilitándoles además unas invitaciones. Esquiroz e Imaz, que no sabían ni cómo se cogía un palo de golf, decidieron ir...

«Ellos dos fueron a la Ryder, pero yo no, eso hay que aclararlo. Estuvieron los cinco días y volvieron alucinados. Uno de ellos, Esquiroz, que fue al que más le impresionó todo aquello, empezó a interesarse de verdad por el golf. Y así fue todo. Venga, vamos a empezar a jugar, nos animaba... Así que aquel mismo mes de octubre, unas semanas después de acabar la Ryder, nos presentamos sin haber cogido nunca un palo ni tener ni idea de golf en la Escuela que Eduardo Celles había inaugurado unos meses antes en Derio. La verdad es que fue todo muy rápido, porque juraría que en la primavera siguiente yo ya me había hecho socio de Larrabea», explica Edorta. Se refiere, por cierto, al Club de Golf Larrabea, fundado en 1989 y situado en la provincia de Álava, a poco más de una hora en coche al sudeste de Barrika, la pequeña población donde los Rahm siguen residiendo. No hace falta señalar que el recorrido de este club ha sido el escenario más importante en los primeros años de Jon y en donde sus socios, entre incrédulos y expectantes, asistieron en un puñado de años al alumbramiento de un jugador de talla mundial.

De esta manera, aquella Ryder se convertía en el primer guiño curioso del destino, entre otras cosas porque el equipo estadounidense traía a Tiger Woods por vez primera en sus filas. No es una asociación de ideas forzada o torticera. El gran campeón debutaba en la competición más importante –estaba precisamente en la misma situación en la que se encontraría a Rahm 21 años más tarde–, y lo hacía como número dos del mundo en aquellas fechas, aunque aquel año ya había ocupado unas cuantas semanas el trono del golf mundial después de ganar el Masters de Augusta. Era, junto a Severiano Ballesteros, capitán carismático y líder indiscutible del bando europeo, el centro de todas las miradas y el gran atractivo. Otra pirueta más de la providencia. Seve. El gran Seve. El otro gran ídolo de Jon. El mito del que se bebería de tres en tres todos sus vídeos de youtube cuando estuvo en la universidad.

El caso es que la hipnótica magnitud del acontecimiento puso la semilla del golf, primero en José Luis Esquiroz, y luego, a través de él, en Edorta Rahm... ¿Habrían acabado encontrándose, antes o después, de una u otra manera, el golf y aquella familia asentada en Barrika, la pequeña población costera vizcaína que Jon ha puesto en el mapa mundial? Es posible. Pero, obviamente, nunca lo sabremos. La línea que puede seguirse en este hilo es la que es y todavía falta añadir un eslabón de gran trascendencia. Hagámoslo. Nos situamos ahora en el año 2000, antes de que se cumplieran tres años de aquella primera clase de Edorta en la Academia de Eduardo Celles en Derio. Entonces, el señor Rahm animó a su mujer, Ángela, a probar con los catorce palos y, una vez que los dos estuvieron enganchados, era casi natural que sus dos hijos, Eriz y Jon, siguieran la senda. Primero Eriz, casi seis años mayor. Luego Jon, que antes de cumplir los seis años de edad trasteaba con los palos mientras su hermano y su madre daban las pertinentes clases.

«En un viaje que acompañé a Edorta a Málaga, él me animó a probar y así cogí por primera vez un palo. Era el año 2000. Inmediatamente, casi a la vez, Eriz también comenzó a dar clases. Íbamos los tres a Martiartu, porque yo me llevaba a Jon y él se quedaba por ahí, incordiando. Dábamos clase con Jorge Losada, que luego sería también el primer profesor de Jon. Tendría cuatro o cinco años y, eso sí, siempre andaba cogiendo un palo», cuenta Ángela, que en ningún caso pretende hoy aplicar un barniz de solemnidad a la situación: «Molestaba, más que otra cosa, andaba pidiendo la merienda... Él estaba ahí trasteando con un palo, igual que podía estar jugando a otra cosa, porque aún no daba clases, así que no se puede decir que estuviera enganchado al golf desde tan pequeñito».

Martiartu, por cierto, es un club polideportivo muy cercano al campus de la Universidad del País Vasco, situado a unos veinte minutos en coche del hogar de los Rahm en Barrika. Allí hay donde elegir para ponerse a tono o simplemente pasar un buen rato: piscinas —cubierta y descubierta—, tenis, pádel, frontón y un pabellón en el que se practican baloncesto, balonmano y fútbol sala. Además, hay golf: dispone de una pequeña calle de prácticas con doce puestos y de un recorrido de pitch & putt de seis hoyos. Más que suficiente para arrancar.

El testimonio de Jorge Losada, el primer profesor de Jon, tiene un interés evidente. «Yo sólo cogía a niños que tenían más de siete años, pero en Martiartu estaba su hermano Eriz y Jon se moría de la envidia viéndolo entrenar, así que decidí admitirlo poco antes de que cumpliera esa edad de siete años. Recuerdo que el cogía el palo con un grip que le salía de manera muy natural, pero que no era el adecuado para seguir progresando y cambiárselo resultó muy complicado. Enseguida noté que tenía unas manos muy especiales. Los niños lo hacen todo por imitación mucho mejor que los adultos y recuerdo que él, desde el principio, tiraba los 'approach' con mucho sentido. Me miraba a mí pegar dos o tres golpes y después lo repetía de manera espectacular», señala.

UN SALTO HACIA ADELANTE: AQUEL ENSIMISMAMIENTO

Una vez expuesto de modo somero el origen y los primeros pasos, damos un salto hacia adelante en el tiempo. Diez años largos después de aquella Ryder iba a forjar poco a poco una idea, un ensimismamiento, que a la larga formará parte de esos misterios que se dan en el deporte y en la vida. Lo iba a hacer sin fecha ni hora exactas, sino más bien como una nube de certezas e ilusiones que se va haciendo visible, densa, hasta casi ocuparlo todo. Jon Rahm, que no había cumplido los tres años de edad cuando su padre se enganchó al golf tras la Ryder de Valderrama, cumplía los 13 en noviembre de 2007. Y fue en aquel curso escolar 2007-08, no antes, cuando él fue desarrollando un pensamiento claro y puro, a juzgar por la seguridad con que lo expresa y recuerda él mismo: «A los trece años pegué el estirón y se me empezó a dar mejor el juego largo, así que competía con gente mayor que yo. Hasta entonces había compaginado el golf con bastantes deportes. El fútbol, el piragüismo, la pala... Hasta había ido a clases de kung-fu. Pero a los 13 años es cuando de verdad empecé a jugar bien y entonces me dije: quiero ser uno de los mejores del mundo. Recuerdo muy bien ese pensamiento, que se repetía en mi cabeza. Y también la seguridad total que tenía en que podía conseguirlo. Lo pensaba muy en serio y todavía a día de hoy no tengo ninguna duda: desde los trece años sabía que iba a llegar arriba y que quería competir por los Grandes. Comencé a ir a clases de golf con Eduardo Celles los martes (lo hizo a partir de septiembre de 2008, poco antes de cumplir los 14), durante media hora, aunque siempre me quedaba más tiempo. Y los fines de semana, iba a Larrabea a jugar con mi aita (su padre). Así que esos sábados y domingos normalmente estaban cogidos y lógicamente no podía competir en las otras actividades. Me fui quedando con el golf solamente, porque a mí lo que de verdad me gusta es competir».

El nombre de Edu Celles vuelve a aparecer, antes en boca de Edorta Rahm, y ahora en la del jugador. En efecto, Edu Celles se hizo cargo de Jon poco antes de que cumpliera los 14 años, cuando ya era un buen jugador, en torno al hándicap 5. Por entonces, tal y como ha quedado contado, el joven de Barrika tenía ya muy claro que el golf era prioritario entre sus actividades deportivas y no es extraño que su familia buscara dar un salto de calidad en la Escuela de Golf Celles (Derio, Vizcaya), donde Edu, digno sucesor y representante de una saga golfista de leyenda, se había labrado un nombre como instructor y ya estaba trabajando, entre otros, con Javier Sainz, uno de los mejores amateurs de Euskadi, mayor que Jon. A Edu, de entrada, lo que más le llamó la atención fueron las habilidades de Jon en los greenes. «Cuando alguien llega por primera vez le haces algunas pruebas para ver cómo es su juego, su swing y demás. Y desde el primer día lo que más me sorprendió era cómo leía las caídas de los putts. Una sensación que luego confirmaría en un torneo de importancia que se jugaba en Neguri, donde le hice de caddie. Neguri es mi campo y lo conozco muy bien, pero todas las veces en las que Jon y yo discrepamos con la caída del putt luego se demostraba que él tenía razón», recuerda Celles.

El entrenador vasco, además, guarda intacta otra reliquia en la memoria, que desde luego tiene relación directa con aquel ensimismamiento al que nos referíamos. Cómo olvidar aquello, visto lo visto: «Cuando ya llevábamos tiempo viéndonos en las clases, hubo un periodo en el que su madre lo dejaba en una parada de autobús que hay debajo de mi casa y yo lo recogía allí para ir a la Escuela. Una de aquellas veces íbamos hablando y Jon me dijo, muy serio: Edu, voy a ser número uno del mundo. Recuerdo que me dejó tan impresionado que a la vuelta se lo conté a mi mujer, porque no es normal que un chico de 14 ó 15 años diga esas cosas con tal convencimiento y seriedad».

Lo cierto es que Jon Rahm no se acuerda con exactitud de la edad que tenía cuando cogió su primer palo de golf («tenía seis o siete años», acierta a señalar), pero sitúa sin dudar el año, el curso, en el que se vio a sí mismo como un gran campeón en el futuro. Tiene su lógica, puesto que ya era mayor y la memoria estaba más formada, pero no deja de ser revelador. Después, los acontecimientos se lo iban llevando todo por delante y no hacían otra cosa que confirmar aquel pensamiento. «Hubo momentos puntuales, por supuesto, en los que además corroboré mis habilidades y fortalecí todavía más esa convicción. Destacaría dos: uno, el campeonato de España que se jugó en Larrabea en 2009 (tenía ya 14 años), cuando hice -6 por los nueve segundos para ganar por nueve siendo cadete de primer año. Y el otro, al año siguiente, cuando gané por seis golpes de ventaja el campeonato de España Junior Sub-21 en Sancti Petri», señala.

En su día sorprendió que Jon Rahm, poco antes incluso de ser profesional, hiciera públicos algunos ambiciosos objetivos. Llegó a señalar que pretendía «ganar 19 Grandes», batiendo de este modo el récord de 18 del legendario Jack Nicklaus. Tiempo más tarde, ya como profesional, matizaría: «Yo dije aquello porque creo sinceramente que la forma de ganar algún Grande en tu carrera es poniéndote los objetivos muy altos. Si piensas que vas a ganar 19 Grandes a lo mejor ganas alguno, pero si piensas que vas a ganar uno o dos, lo normal es que no ganes ninguno». Matizado quedaba, aunque, al fin y al cabo, en aquellos momentos, cuando dijo aquello de los 19 Grandes que tanta polvareda levantó, él ya había sido número uno del mundo amateur y había testado sus capacidades en retos de enorme magnitud, como aquí mismo, en este relato, va a comprobarse. Por ejemplo, venciendo con absoluta naturalidad en duelos cara a cara a todo un Phil Mickelson cuando campaba a sus anchas en el top 3 del mundo. Por ello, todavía resulta mucho más sorprendente, en realidad, que a la tierna edad de 13 años ya guardara en su interior semejantes seguridades y convicciones.

UN DESEO IRREFRENABLE QUE MARCA LA DIFERENCIA

¿Cuántas veces, en referencia directa a un exitoso atleta, sea en la actividad que sea, hemos escuchado o leído aquello de 'no le gusta perder ni a las cartas', hasta el punto de haberse convertido en un tópico que casi se da por hecho entre los más grandes del deporte mundial? ¿O aquel otro de 'compite hasta con su sombra', también muy utilizado? Desde luego, el exacerbado carácter competitivo, el deseo irrefrenable e indiscutible de ganar, es una singularidad que también puede marcar la diferencia. Bien gestionada, puede dar mucho rédito, así como sepultar bajo toneladas de frustración a quien no posea las habilidades requeridas y, sobre todo, la capacidad de trabajo necesaria.

No todos los grandes deportistas son así, no obstante. Da la sensación de que se trata de una pulsión muy primaria cuyos orígenes no siempre son obvios y unos la tienen y otros no. Jon Rahm la sufre y la disfruta desde que se levanta por la mañana y hasta que se acuesta. Cada día. Es lo que en España se conoce como un 'picón' de primera categoría, con ese punto infantil que hombres hechos y derechos y auténticas leyendas del deporte, casos de Michael Jordan, Rafael Nadal o el mismo Phil Mickelson, no terminan de perder —o no pierden en absoluto— con el paso de los años.

«Mucho antes de ser un buen jugador o pegar bien a la bola yo aprendí a competir. Cuando era pequeño y jugaba con gente más mayor no tenía opciones porque me sacaban mucha distancia, pero sobrevivía por el juego corto y la competitividad. He sido un picón toda mi vida porque nunca me ha gustado perder y siempre lo he llevado muy mal, aunque tengo que decir que a día de hoy he mejorado mucho».

Es interesante el matiz que el propio jugador introduce. No es lo mismo 'aborrecer el hecho de perder' que 'no saber perder'. Jon reconoce que hubo un tiempo en el que no sabía perder y que ha luchado —y sigue haciéndolo, seguramente— contra tal resentimiento. «Yo era de perder y no hablar con quien estaba. Incluso en la Ikastola, en clase de gimnasia en el colegio. Mi problema era que me picaba mucho y me enfadaba. Yo lo que quiero es ganar, es lo único que pensaba. Da igual, a cualquier cosa, donde haya una clasificación con un primero y un último yo necesito estar arriba. Siempre he sido así, me molesta mucho perder, aunque también repito que eso ha cambiado ahora bastante, porque te vas dando cuenta de que es ridículo e injusto que los demás paguen una derrota tuya. De pequeño, cuando perdía a lo que fuera, mal tema. Mal asunto. Era así, qué le vamos a hacer, y la vida te va enseñando algunas lecciones, pero esto a la vez es lo que me hizo un gran competidor desde el principio», explica Jon. Y continúa describiendo un rasgo de enorme trascendencia: «Aprendí desde muy pequeño que tienes que competir al máximo con lo que tengas, si de verdad quieres ganar. Yo tenía un hermano mayor —Eriz— y había que competir con todo para ganarle. Y eso es lo que hacía. A lo mejor eso se está perdiendo y se están creando máquinas de pegar muy bien a la bola, pero yo aprendí desde pequeño a hacer resultado con lo que tenía, también en los días en los que no sale nada».

¿Tanto se enfadaba Jon cuando perdía? Pocas personas como su hermano Eriz pueden atestiguarlo con mayor fundamento. «Él odiaba perder. Siempre fue muy competitivo. Jugando al fútbol los dos éramos porteros y me acuerdo perfectamente de los cabreos que se agarraba cuando le metían goles. Uno, vale. Dos, bueno... Pero cuidado: si le metían tres era incluso capaz de irse del campo para que no le metieran más. Mi madre se ponía muchas veces detrás de la portería para calmarlo».

Y en el golf, claro, lo mismo que en el fútbol, desde que diera sus primeros pasos en Martiartu. «Cuando se cabreaba mucho, su madre le hacía subir una cuesta muy grande que había aquí, en Martiartu, y si no se le pasaba el enfado le decía que volviera a subir. Así, hasta que se le pasara, y terminaba bajando morado», apunta Jorge Losada. Eriz, el hermano mayor, no gastaba ni gasta semejante genio, pero tanto Ángela como Edorta saben bien de dónde le viene a Jon este impulso irrefrenable, pues resulta que hay precedentes genéticos muy cercanos. Y todos provienen de la rama Rahm.

«Es como yo y como mi padre», reconoce Edorta, «aunque nosotros éramos más con las cartas, el parchís y juegos así. Mi padre era tremendo, más que yo. De hecho, Jon se parece todavía más a él que a mí». Interrumpe Ángela: «Una vez jugamos por parejas al parchís y yo iba con mi suegro. Perdimos la partida y me cayó una buena, me decía que no prestaba la debida atención y luego estuvo un rato sin hablarme. Yo pensaba, madre mía, porque no tengo mal perder, pero es cierto que Jon ha salido en eso a su padre y a su abuelo. Desde bien pronto en los informes de Jon del colegio ponía: no le gusta perder».

OTRA SEÑAL: MARCADO TAMBIÉN POR LA ADVERSIDAD

Interpretado de una manera más o menos literaria, con mayor carga subjetiva y hasta lírica, se puede atribuir a un deportista la cualidad de estar o ser señalado por los dioses, como en el caso que nos ocupa. Tal cualidad se encarna en talentos concretos, como pudieran ser la habilidad pura, la capacidad de concentración, un indomable brío competitivo, la confianza en uno mismo o el alto rendimiento bajo presión. Sin embargo, a veces ocurre también que encontramos en el reverso de la moneda trabas o problemas de relevancia, grandes adversidades de cualquier índole que a la larga ayudan a forjar el espíritu competitivo con el temple debido y el blindaje necesario, y que al fin ya al cabo también son un modo de ser y estar señalado. En el caso de Jon Rahm tal circunstancia, la presencia evidente de alguna traba del tipo que fuera, se dio desde el mismo día de su nacimiento. Y de qué manera.

El jugador vasco ha tenido que superar una dificultad física muy importante —aún más en el caso de un deportista de élite— que él no oculta ni tampoco airea a los cuatro vientos. Jon nació con el pie derecho zambo, una malformación congénita que provoca que el pie aparezca flexionado hacia un lado y que ocurre cuando una excesiva tensión de los tendones y ligamentos impide que el pie se estire naturalmente hasta alcanzar la posición correcta. En su caso, además, el grado de la malformación era tan severo que tuvo que pasar hasta dos veces por el quirófano durante la infancia y la niñez para corregir la postura del pie.

Como ya se ha apuntado, Jon afronta a día de hoy el problema como siempre trató de hacer: ni lo oculta ni tampoco pretende ser ejemplo de nada. Y ambas actitudes responden a un mismo código de naturalidad, porque así le enseñaron en casa que tenía que ser: ni aquel problema lo discapacitaba para ninguna actividad, y por ello no había nada que ocultar o de lo que avergonzarse, ni tampoco debía sentirse el protagonista de una historia de superación, por lo que nunca ha pretendido ponerse como ejemplo de nada en este sentido.

«Es una malformación congénita, se nace con ella. Se lo hicimos ver como algo natural en casa. A mí, en el paritorio, me lo ocultaron, no lo vi. Y lo primero que le hicieron al pobre fue ponerle el pie en su sitio. Después de parir, la siguiente vez que lo vi ya fue con una escayola. Nos pasamos cambiando escayolas cada pocos días durante sus primeros meses de vida. Luego pasó al aparato mecánico, hasta que empezó a apoyar y después, más tarde, el siguiente paso fue una férula de plástico con la que, por ejemplo, dormía. Así muchos años. Todavía tenemos por aquí, por casa, la última férula que usó. Y tiene dos intervenciones quirúrgicas... Entonces, había que normalizar todo aquello y en casa se lo hicimos ver como algo natural», describe y recuerda Ángela. Hay imágenes que quedan grabadas para siempre y Eriz, desde luego, ni se olvida de la primera vez que vio a su hermano Jon, ni tiene un recuerdo agridulce por las circunstancias: «La primera vez que lo vi en mi vida fue en el hospital y él llevaba ya una escayola puesta. Yo tenía seis años y me hizo muchísima ilusión. Nada me hacía más feliz en aquel momento que tener un hermano pequeño. Era como un juguetito. Y ahí estaba él, en brazos de mi madre y con la escayola en la pierna».

Cuando Jon cumplió tres años pasó por el quirófano por primera vez, con objeto de apuntalar los otros tratamientos y recuperar cuanto fuera posible el pie derecho. Volvería a someterse a una intervención quirúrgica a los once años de edad. «La segunda operación fue para alargarle el tendón de Aquiles. Si hoy te fijas, todavía cuando Jon se agacha para mirar la caída de un putt, el talón derecho no lo puede flexionar de la misma manera», dice Edorta. «Y el gemelo de esa pierna, la derecha, es más flaco, muy distinto al de la izquierda. Me acuerdo que en algún torneo amateur tuve que escuchar a más de uno diciendo que ese niño había tenido la polio», añade Ángela casi divertida, sin resentimiento alguno.

Por su parte, Jon no sólo ha dado normalidad al asunto, sino que además entiende que tal tara, en realidad, le obligó a construir un swing muy personal que es el que le ha llevado a lo más alto. El particular y, en principio, deficiente apoyo que se veía obligado a realizar con el pie derecho, así como la flexibilidad mermada en la articulación de dicho pie, especialmente en la extensión y flexión del tendón de Aquiles, hizo que él mismo fuera acomodándose de una manera puramente intuitiva hasta llegar a asentar su actual y personal swing de golf, tan consistente y repetitivo. Sin complejos ni sandeces: ahora que está permitido, puede vérsele en los Pro-Am o jornadas de práctica jugando con pantalón corto y mostrando con garbo una pierna derecha que es sensiblemente menos gruesa, a causa de todos los tratamientos que hubo de asumir, más o menos invasivos (intervenciones quirúrgicas, escayolas, férulas, etcétera).

«A día de hoy tengo la parte inferior de mi pierna derecha menos gruesa y el pie derecho más pequeño que el izquierdo y con una movilidad limitada, puesto que mi tobillo no puede flexionarse con normalidad. Además, mi pierna derecha es algo más corta que la izquierda, pero me las arreglo bien con unas plantillas especiales. No tengo ningún problema, aunque recibo tratamiento y cuidados, sobre todo después de jugar. De verdad, estoy convencido de que gracias a haber nacido de este modo tengo el swing que tengo. Es una cuestión casi de pura lógica: para pegar a la bola como la pego tenía que hacer el swing de la manera que lo hago».

En vista de lo bien que se ha valido el menor de los hijos, mayor relevancia le restan los padres a la situación. «No pisa igual, no anda de igual manera, pero en el día a día tampoco le ha cambiado tanto, ni antes ni ahora, lo ha integrado a su vida normal. Cuando jugaba al fútbol, pues no corría como los demás, le ganaban todos, pero él practicó los deportes que quiso. Al final, con un pie torcido vas a cualquier parte y para jugar al golf no le afecta tanto», discurre la madre. Y apostilla el padre: «Él siempre hizo una vida normal, nadie le dijo nunca nada, era uno más en todos lados y para nosotros, por supuesto, también era uno más. Está claro que no hubiera podido ser futbolista, ni correr los cien metros, o una maratón, tampoco saltar altura o jugar al baloncesto... Pero para remar, jugar al golf y hasta boxear, igual si le vale, ¿no?»

Una interesante y, a todas luces, acertada manera de ver las cosas. No es ningún disparate concluir que un exceso de protección por parte del entorno más cercano habría impedido a un muchacho de 13 años llegar siquiera a soñar con ser el mejor del mundo en ninguna actividad física.

UNA INEVITABLE REFERENCIA A RAFA NADAL

Las circunstancias y situaciones, como se verá, no son las mismas, pero en esta parte exacta de la narración casi parece inevitable hacer una alusión a Rafael Nadal, referencia del deporte mundial, pero sobre todo en España. Rahm, por ejemplo, suele mencionar al jugador mallorquín en numerosas ocasiones como modelo. Se apuntaba páginas atrás cómo a veces ocurre que en la vida de un gran deportista se cruza una gran adversidad que, a la larga, en el trance de la superación, ayuda a forjar un espíritu competitivo más completo y blindado. La particular historia de Rafa Nadal deja pocas dudas al respecto.

En octubre de 2005 el pie izquierdo del tenista dijo basta. Lo que en un principio parecía sólo un aviso —sufrió una punzada mientras jugaba la final del Masters Series de Madrid frente a Ljubicic— se transformaba inmediatamente en un pozo de incertidumbre, primero, y enseguida casi de pura desesperación. Tal y como el propio jugador cuenta en la autobiografía que escribió junto a John Carlin ('Rafa. Mi historia'), las primeras pruebas médicas que le realizaron no daban con la tecla, hasta que un especialista dio con el diagnóstico exacto: sufría una raro problema congénito óseo, que en su caso afectaba al escafoides tarsiano del pie izquierdo y que consiste en que el hueso no se endurece como debiera durante la infancia, lo que provoca dolorosas secuelas en la edad adulta, mucho más si el pie se somete a tensiones y esfuerzos reiterados, como desde luego ocurre en el caso de un tenista profesional de élite.

Tal era la magnitud de la enfermedad y de la dolencia que el citado doctor especialista, precisamente una eminencia mundial en el conocimiento de esta patología congénita, llegó a reconocer ante Rafa y su familia que cabía la posibilidad real de que se viera obligado a retirarse del tenis de alta competición. Finalmente fue el mismo médico, que desaconsejaba la intervención quirúrgica, quien dio con la solución: se podía tratar de modificar la suela del calzado mediante un proceso milimétrico de ensayo y error, hasta dar con la forma de acolchar el hueso lo suficiente como para aligerar la presión que sufría y redistribuirla sobre los demás huesos del pie. Tales modificaciones en el apoyo del peso, también avisó, podían provocar a la larga otros problemas en las rodillas o en la espalda, pero al menos podría volver a entrenarse y lo cierto es que regresó a la competición cinco meses después de aquel fatídico mes de octubre de 2005. En efecto, Rafa ha arrastrado este problema durante toda su carrera, tanto en el propio pie izquierdo, foco y origen del problema, como en otras partes de su anatomía —las rodillas, por ejemplo—, que se han visto afectadas por la vaticinada reacción en cadena, pero el caso es que quince años después de aquello todavía sigue jugando al máximo nivel y la adversidad, además, le ayudó, tal y como confiesa en la citada autobiografía, a renovar y reforzar una perspectiva vital, que consiste en disfrutar cada torneo y luchar cada partido como si fueran los últimos, consciente de que en esta vida no todo depende de uno mismo.

La situación no es exacta, cierto. Por un lado, la práctica del golf no es tan agresiva como la del tenis, lo que simplificaba algo el asunto en el caso de Jon. Pero por otro, el problema del jugador vasco fue de nacimiento, lo que sin duda le complicaba mucho más la vida, pues al fin y al cabo Nadal era ya top 3 del mundo cuando su dolencia dio por completo la cara y se agudizó —en 2004 ya había estado parado unos meses por la misma causa—.

La cuestión es que ambos, cada cual a su manera, en sus tiempos y en su especialidad deportiva, encontraron en la adversidad un motor, un revulsivo y hasta un aliciente. Tim Mickelson, *headcoach* del equipo de la Arizona State University en la etapa universitaria de Jon, cuya figura e influencia en la carrera del vasco será tratada más adelante, lo tiene muy claro al respecto: «Conociendo a Jon, creo que usó el problema que tenía en la pierna para tratar de demostrar a los demás que, precisamente, para él no era ningún problema. Y no dejará que afecte a su capacidad de hacer lo que quiere en la vida, que es ser el mejor jugador del mundo».

Por último, con respecto a Nadal, también vale la pena recordar aquellas palabras de su padre, Sebastián Nadal, una vez que el médico especialista había reconocido que la opción de la retirada del tenis era real y verdadera, recogidas por el propio tenista en su libro: «Con todo el talento que tienes y esas agallas —le dijo a su hijo—, no veo la razón por la que no puedas ser golfista profesional». Afortunadamente para el tenis mundial y el deporte español nunca podremos asistir a un duelo Nadal—Rahm en un domingo de golf...

LA CAPACIDAD DE TRABAJO, EL GRAN Y VERDADERO INGENIO

A determinados niveles —a casi todos, por otro lado— de poco sirven el talento, la pulsión competitiva, la aversión atávica a la derrota y hasta los frutos que se recogen de la superación de las adversidades que la vida plantea, si no hay detrás una enorme e innegociable capacidad de trabajo. Esta cualidad es el verdadero y gran ingenio de todos los grandes deportistas, si rescatamos la cuarta acepción que el diccionario de la Real Academia Española realiza del vocablo ingenio: 'Industria, maña y artificio de alguien para conseguir lo que desea'. Si en algo se han puesto de acuerdo los grandes nombres del deporte mundial a través del tiempo ha sido casi siempre en este punto. Si no hay un duro, exhaustivo y continuado trabajo detrás, difícilmente podrá destacar y mantenerse nadie en lo más alto de cualquier actividad. Puede que existan excepciones puntuales, pero no desde luego en trayectorias amplias y consistentes. Normalmente suele asociarse la genialidad al talento puro, pero el genio también tiene que ver con la capacidad de afinar a través del trabajo dichas habilidades que parecen venir de serie. Jornadas y jornadas, horas y horas de trabajo.

«Llegué a hacerme un hoyo en el prado de atrás de mi casa, con una lata de tomate como agujero y una vara de arbusto con un pañuelo a modo de bandera. Además, con la guadaña de mi padre segaba la hierba para que me quedara lo más parecido posible al green. Aprochaba durante horas y les prometo que veía aquel agujero muy pequeño. Entre los nueve y los quince años me pasé horas y horas practicando». Son palabras de Severiano Ballesteros, vertidas en su Autobiografía ('Severiano Ballesteros. Autobiografía').

Jon Rahm, en el transcurso de una de las tres extensas entrevistas que concedió a los autores de este libro en su casa de Arizona, y sin que se le preguntara nada en concreto al respecto, clavaba el tono y el mensaje de Seve al repasar sus inicios y años de formación técnica en el golf: «Me pasaba horas y horas en Larrabea pateando y aprochando alrededor de green y desde muy pequeño no perdí ningún concurso de putt porque me sabía de memoria todas las caídas, de tanto tiempo que había estado en el green. Pateando era el mejor desde muy pequeño y pasaba muchas horas en el chipping green por una sencilla razón: soy un competidor nato y en el golf puedes competir contra ti mismo».

No obstante, en la referencia directa al gran mito del golf español y europeo, se puede y se debe matizar: el golf pasó a ser casi la primera actividad para Seve a partir de los doce años, bien como caddie en Pedreña o entrenando, pues a aquella edad dejó la escuela y sus padres le pusieron con mucho esfuerzo y sacrificio una profesora particular cinco días a la semana, de siete y media a nueve de la noche, tal y como cuenta en dicha autobiografía, en la que también relata un hecho sin parangón: el genio cántabro llegó a colocar una red de pesca en la cuadra de su casa, donde pegaba bolas sin parar. «Hasta muy tarde tiraba bolas contra ella, mi madre me llamaba y oía a mi padre que le decía: ¡deja que el niño entrene!», contaba. Jon, por el contrario, no pudo sacar tantas horas de entrenamiento durante la infancia y la pubertad, hasta que se marchó de Barrika a la Residencia Blume, en Madrid, donde pasó dos años, becado por la Real Federación Española de Golf, formándose y entrenándose. Pero exprimía al máximo el tiempo que tenía, sobre todo aquellos fines de semana en Larrabea, cuyos greenes y alrededores, en la zona de prácticas, llegó a 'escanearlos' palmo a palmo.

Eriz Rahm supo muy pronto de las finas habilidades de su hermano pequeño, pero no duda a la hora de establecer la prioridad de sus capacidades. «No sé exactamente cuando fue, pero es cierto que Jon empezó a ganarme cuando todavía era bastante pequeño, a pesar de los seis años de diferencia que nos llevamos. Recuerdo un campeonato del País Vasco que se jugó en Jaizkibel cuando él era benjamín. Yo, en mi categoría, jugué dieciocho hoyos y él sólo nueve. Cuando acabamos él no estaba muy contento de cómo había jugado. Nos fuimos de allí, pero nos llamaron porque Jon había quedado segundo y tuvimos que volver. Tengo grabado ese momento en la memoria, porque fue cuando pensé por primera vez: pues parece que el hermanito es muy bueno. De todas maneras, tengo muy claro que si ha llegado a destacar como profesional es por su manera de trabajar. Es una pasada. Vive por y para el golf y creo que esa es la gran diferencia que él marca. Ya desde muy pequeño, su dedicación iba mucho más allá de la de un niño de su edad. Por ejemplo, al principio, cuando yo le ganaba, quería jugar al día siguiente buscando la revancha y se quedaba durante horas practicando el 'approach' y pateando».

Hasta aquí, una guía práctica del origen —en el golf— y de las singularidades de Jon Rahm, que hacen de él sin duda un deportista especial y que quizá ayude a entender todavía mejor a la persona y sus circunstancias. A partir de este punto, sin embargo, descenderemos más a la arena de los hechos concretos, al suceso puro y duro, yendo y viniendo en todas las direcciones de su corta pero intensa historia, aunque siguiendo el hilo cronológico que proponen aquellos encuentros con Phil Mickelson, tan peculiares, y comenzando por el primero de ellos, cuyo relato describirá aquella primera vez que Phil y Jon se vieron en un campo de golf.

La infancia de Jon, su familia y su pasión por el Athletic de Bilbao

Jon, a la derecha, junto a June, su amiga de la infancia. El pequeño Rahm ya daba muestras desde muy joven de su carácter. Fotogafía de: Gabi de la Maza.

Jon, en primer plano, junto a su amiga June durante el verano.
Fotografía de: Gabi de la Maza.

Jon, a los mandos de una atracción, junto a su amiga June.
Fotogafía de: Gabi de la Maza.

El pequeño Jon pasa un día en la nieve subido en los esquíes de su padre Edorta. Fotogafía de: Gabi de la Maza.

Día de montaña de la mano de su padre Edorta. Detrás caminan su madre Ángela con su amiga June.
Fotogafía de: Gabi de la Maza.

Jon, vestido con el chándal de la Sociedad Deportiva Plentzia.
Fotogafía de: Gabi de la Maza.

Jon posa junto a su mujer Kelly y toda su familia durante el homenaje que le rindió la Sociedad Deportiva Plentzia, el equipo de fútbol donde jugó de pequeño.
Fotogafía de: José Ángel Peña.

Jon, con el número 13 a la espalda, lanza un penalti con su hermano Eriz bajo los palos. Fotogafía de: José Ángel Peña.

Jon posa con José Ángel Iríbar, portero y una de las figuras más legendarias del Athletic de Bilbao y del fútbol español. Fotogafía de: José Ángel Peña.

Jon posa con Dani, mítico capitán del Athletic de Bilbao de los años 70 y 80 e internacional con España. Fotografía de: José Ángel Peña.

SEGUNDA PARTE:
DE PHIL A TIGER

Capítulo primero: Primer encuentro con Phil Mickelson

MARTES 12 DE MARZO DE 2013: UN TIPO EN CHANCLAS, BERMUDAS Y GAFAS DE SOL

El martes 12 de marzo de 2013 Jon Rahm disputaba con los Sun Devils de Arizona la última ronda del Lamkin Grips San Diego Classic, el décimo torneo en el calendario universitario del curso 2012-13. Como es habitual en muchas de estas citas —no en todas—, el torneo se disputa a tres vueltas. Durante la jornada anterior, en este caso el lunes 11 de marzo, se habían jugado ya las dos primeras; o lo que es lo mismo, 36 hoyos de corrido, casi sin parar, con un ligero paréntesis entre ronda y ronda en la que dar buena cuenta de un bocadillo y poco más. Jon estaba moderadamente bien colocado de cara a la vuelta decisiva del día siguiente, con un acumulado de -2, en cuarta posición y a cuatro golpes del líder, que no era otro que el escocés Grant Forrest, jugador que pertenecía a la universidad de San Diego y que en la actualidad es miembro del circuito europeo tras salvar sus derechos de juego sin agobios en 2019, su temporada de novato.

Regresamos a aquel 12 de marzo de 2013. El español, en un campo que en ningún caso puede ni debe catalogarse como sencillo, el del San Diego Country Club, venía en esta vuelta decisiva, la tercera, con un parcial de -1, para un acumulado de -3, cuando se subió al tee del hoyo 8, un par 5 bastante largo (desde el tee de atrás llega a los 520 metros), dog leg derecha. La salida fue buena y larga, a calle, pero el segundo tiro, si estás tratando de llegar de dos, tiene su miga, puesto que hay un obstáculo de agua por la derecha que incluso defiende todo ese flanco del green, de frente a fondo, sin dejar apenas margen para el error por aquel lado. Se entiende que es normal, consciente o inconscientemente, apoyarse más por el lado izquierdo con el segundo disparo, para evitar el agua. Y eso es exactamente lo que pasó. Jon se fue de dos a la altura de green por la izquierda y mucho antes de llegar hasta la bola ya intuía que, si quería dejarse una buena opción de birdie, tal y como estaba situada la bandera, iba a tener que ejecutar un globo que dejase muerta la bola tras sobrevolar un bunker que se encontraba entre su posición y el hoyo...

Iba más o menos metido en su burbuja mientras se acercaba a la bola, calibrando, midiendo y hasta dibujando el golpe en su cabeza, y cuando ya estaba muy cerca del lugar donde reposaba, a tan solo unos metros, se topó con un sujeto que calzaba chanclas, vestía bermudas y un polo y lucía unas brillantes gafas de sol. «Me dije —rememora Jon sonriendo—, ¿quién es este mafioso que está ahí? Y cuando me acerqué más... Joder, era Phil Mickelson. Bueno, ya sabíamos que a lo mejor vendría alguna vez a vernos, porque al fin y al cabo es el hermano de quien era nuestro capitán, Tim Mickelson, y era algo que podía suceder si tenemos en cuenta la estrecha relación que ellos tienen y el interés que Phil mantiene siempre por todas las novedades y noticias del equipo de su universidad, Arizona State. Supongo que todo el mundo sabe que en Estados Unidos el equipo de tu universidad lo es para toda la vida, al modo que en España, por ejemplo, uno es del Athletic, del Barcelona, el Madrid o el equipo que sea. Pero bueno, siempre es un poco impactante encontrarte con alguien como él allí, cerca de tu bola. Y con el golpe tan delicado que tenía por delante. Perfecto: tenía que pegar un globo, que es un golpe que a mí me gusta, pero tenía que hacerlo precisamente delante de Phil Mickelson».

Así es. El primer golpe en vivo y en directo que Jon Rahm iba a pegar delante de Phil Mickelson, jugándose como se estaba jugando el triunfo en un torneo, era un globo alrededor de green, parcela en la que el jugador californiano es maestro entre maestros. En fin, son el tipo de retos que, lejos de provocarle sudores fríos, a Rahm le ayudan en muchas ocasiones a encontrar la mejor versión de sí mismo, aunque no siempre lo consiga. «Casi la emboco desde allí. Dejé la bola muy cerca y el birdie dado», sentencia. Como primera 'cita', aquello no estaba nada mal.

En aquel momento no cruzaron palabra. O si lo hicieron, Jon no se acuerda. Sí retiene bien en la memoria lo que ocurrió inmediatamente después. El siguiente hoyo, el 9, es un par 4 en el que tenía que pegar un drive mayúsculo para pasar sendos bunkers, uno a la derecha de calle, algo más corto, y otro a la izquierda, algo más largo. «No os creáis que Phil se fue muy lejos, estaba casi metido en el tee. Con el driver, si no pegaba uno perfecto, metía en juego los bunkers, así que cogí la madera 3, pero de los nervios y la tensión, porque ya digo que él estaba ahí encima, en el tee, me salió toda la adrenalina y pegué una madera 3 larguísima, pasados los bunkers. Después tenía un tiro más bien corto, volví dejarla casi dada y metí el putt de birdie. Dos seguidos».

¿Trataba el pícaro Mickelson de ponerlo a prueba, de meterle presión para comprobar cómo la digería aquel mozo de Barrika del que su hermano ya le había hablado maravillas? Es probable. De momento, como primer 'round', le pareció suficiente y no hace falta incidir en que Jon había pasado la prueba con sobresaliente: dos birdies en dos hoyos. Phil se quedó allí, en el green del 9, antes de irse al encuentro de otros partidos, aunque no tardarían demasiado en volverse a ver las caras...

Ocurrió en el hoyo 14. Jon, que se había puesto -3 en el día y -5 en el acumulado con los dos birdies de los hoyos 8 y 9, ya era plenamente consciente de que podía ganar el torneo. «Le volví a ver en el 14, otro par 5, donde me vio meter un buen putt de birdie. Después, con él siguiendo más o menos el partido, aunque también iba viendo otros, recuerdo que hice un buen par en el 16, y así llegamos al 17, un par 4 corto en el que además habían puesto el tee un poco adelantado para que se pudiera llegar a green con el tiro de salida. Pegué el drive a la izquierda, que a las malas era donde había que fallar, porque por el otro lado los árboles son más densos. Tengo que decir que en aquel momento yo ya sabía que seguramente tenía ciertos golpes de ventaja, pero la bola no estaba en una posición sencilla. Había un árbol cerca y yo estaba viendo cómo hacer el golpe, cuando de repente vuelvo a ver las chancletas venir hacia mí. Phil fue la única persona que vino a ver de cerca el golpe... Otra vez tenía que jugar un globo bajo presión, pero me volvió a salir muy bien. La dejé a un metro y metí el putt de birdie. En ese momento me puse -5 en el día y luego hice el par en el 18 y gané el torneo».

Se consumaba así el primer 'cara a cara' entre Phil y Jon. El balance era de antología: el vasco había firmado un 67, cinco menos en el día para ganar el torneo con dos golpes de ventaja y Mickelson había presenciado en directo cuatro birdies en apenas seis o siete hoyos que anduvo siguiéndolo. Como detalles anecdóticos, muy curiosos, cabe reseñar que aquel torneo también lo disputó otro jugador español, Emilio Cuartero, en las filas de la universidad de Missouri, y que el tercer clasificado fue un tal Xander Schauffele, de la universidad de San Diego State...

¿Quién podía decirles a aquellos dos muchachos, Rahm y Schauffele, que a 31 de diciembre de 2019 uno, el español, acabaría el año como número tres del mundo y otro, el estadounidense, como número nueve? Obviamente, nadie.

Después de confirmarse el triunfo de Jon (el equipo de Arizona State, por cierto, acabó en segunda posición), fue cuando cruzó sus primeras palabras con Phil. «Poca cosa, no hablamos mucho porque además él se tenía que ir, pero allí estuve con él y me dio la enhorabuena», recuerda Rahm. Quizá, sólo quizá, Phil Mickelson midiera a conciencia los piropos —no resulta muy formativo, mucho menos delante de sus compañeros de equipo— y se marchara aquel 12 de marzo de 2013 del San Diego Country Club, eso sí, considerando la remota posibilidad de verse de nuevo las caras con aquel muchacho, que entonces tenía 18 años, aunque de un modo sensiblemente distinto: ¿qué tal un mano a mano, incluso con alguna pequeña apuesta por medio, como en cualquier partido a match play que se precie? Si Jon es un 'picón', Phil no se queda atrás y aquel mozo de Barrika, tal y como su hermano Tim le dijo que ocurriría, había despertado en el mayor de los Mickelson algo más que curiosidad.

SÓLO HABÍA UN TIPO CON CUADERNO Y BOLÍGRAFO: JON RAHM

Seis meses antes de este primer y explosivo encuentro entre Phil y Jon, el jugador español se había incorporado a la disciplina de la Arizona State University (ASU) para iniciar sus estudios de Comunicación a través de una beca deportiva, pues obviamente se incorporaba al equipo de golf de la universidad. El proceso y las particularidades de este 'fichaje', muy interesantes, también serán abordadas, pero de momento adelantemos que Jon aterrizó en Phoenix, Arizona, un sábado 25 de agosto de 2012. Lo hizo después de dos escalas (Madrid—Franckfurt—Philadelphia—Phoenix) y viajó solo. Tampoco había estado antes en la ASU. Tenía todas las referencias que él y sus padres debían tener, pero era la primera vez que se plantaba allí, puesto que no hubo tiempo material de realizar la clásica visita preliminar que suele realizarse en estos casos. El curso ya había empezado y la semana siguiente, después de un rápido proceso de adaptación junto a Max Rotluff, jugador alemán compañero de equipo, que de entrada hizo las veces de cicerone, se plantaba en su primera clase. Principios macroeconómicos, ni más ni menos.

El idioma todavía era un serio problema para él, pero en realidad se sintió muy pequeño por otra cuestión. «Aquello era un anfiteatro en el que había trescientas o cuatrocientas personas, una pantalla de cine y la profesora con un micrófono. La verdad, no entendí casi nada de lo que dijo. Todo el mundo, y cuando digo todos, son todos, estaban con su ordenador portátil. Sólo había uno con cuaderno y bolígrafo. Yo. La manera de seguir la clase era con 'power point', así que a mí no me daba tiempo a anotar nada. Salí de allí y llamé inmediatamente a mi padre: me hace falta un ordenador, pero ya», recuerda Jon.

Seguramente, su proceso de adaptación fue algo más duro de lo que a día de hoy Rahm quiere hacer ver. Se niega a admitir que pasara por un solo momento de duda o seria preocupación, aunque sí reconoce que allí, rodeado de portátiles en aquel mundo nuevo, pasó «una vergüenza de cuidado con mi cuaderno y mi boli». Pero asegura que en ningún momento llegó a hacerse la temida pregunta: ¿qué hago yo aquí?

«Enseguida me fui haciendo con el funcionamiento de las clases, que no tiene nada que ver con lo que hay en España. Puedes cambiarlas, elegir, hacerte tu propio programa, tienes opciones ilimitadas y recibes mucha ayuda para aprender a manejarlas. Se trata de aprender a utilizar la web, porque todas las clases y todo lo que vas a hacer está ahí, en el ordenador. Me metí en problemas mogollón de veces por no entender, pero como siempre me he metido en problemas, tampoco pasaba nada. Es un cambio muy grande, de rutinas y cultural, pero yo estuve bien siempre y en un mes ya estaba funcionando bastante bien», cuenta.

Y si no hubiera sido así, si de verdad hubiera sentido al poco de aterrizar en la asfixiante Arizona —el día que pisó Phoenix por primera vez, aquel agosto de 2012, el termómetro marcaba 40 grados a las ocho de la tarde— que aquello no era para él, desde luego no lo iba a contar. ¿Para qué? Tiene asimilado desde muy pequeño que la gran mayoría de los obstáculos que aparecen en el camino se encuentran sólo en la propia cabeza y no hay nada como sacarlos a patadas del disco duro.

«Además, yo ya había estado fuera de casa en la Residencia Blume de Madrid y en ese sentido ya sabía lo que era estar lejos de tu familia y tu ambiente, aunque la Blume es distinta porque te lo dan todo hecho, es como un hotel preparado para atletas en el que no falta de nada, mientras que en la universidad tienes que llevar hasta las sábanas. Tampoco es igual estar en Madrid, que está a tiro de tu casa, a pocas horas en coche, que en Arizona, es cierto. Pero es que yo enseguida me lo estaba pasando muy bien en Phoenix. Con esa edad, a los 17 ó 18 años, te lo pasas muy bien a poco que sepas relacionarte y eso es lo que yo hacía, porque mi inglés iba mejorando rápidamente con unas clases de refuerzo que tenía a diario, que también te proporcionan en la universidad. Claro que a veces echas de menos estar en casa, pero era divertido, me lo estaba pasando bien. Y además estaba el golf. Como a mi nunca me ha importado estar horas y horas en el campo de prácticas y allí tenías muchas facilidades, enseguida todo iba sobre ruedas. Yo lo tenía muy claro: mi objetivo era llegar al PGA Tour y ganar torneos de clase mundial, pero tenía que pasar por ahí, por donde estaba pasando. Ese era el proceso y estaba entrenando, mejorando como jugador y además me lo estaba pasando bien», termina de explicar.

Exacto. Además estaba el golf. Él estaba allí gracias al golf. Había recibido una beca universitaria porque era un excelente jugador y aquel objetivo que se había marcado a los trece años de edad seguía vigente. Rabiosamente vigente. Y cuanto antes demostrase a todos que así era, mucho mejor. Porque si algo ha acreditado Jon Rahm hasta hoy es que, si puede saltarse un escalón en el razonable proceso de adaptación y aprendizaje, se lo salta. Sin embargo, en aquellos inicios con los Sun Devils todavía iba a tener que superar un último trámite médico antes de ponerse a pegar palos a diestro y siniestro y enseñarles a todo quién era él y a qué había venido al lejano Oeste americano.

UN CORAZÓN SANO, PERO DISTINTO

Nada más llegar a la universidad, igual que todos atletas becados, es necesario cumplir con un protocolo médico, una revisión exhaustiva que normalmente resulta ser un puro trámite antes de entrar en acción en entrenamientos y competición. Pues bien, el jugador vasco iba a retrasar dos semanas su puesta de largo en las instalaciones de golf de Arizona State University debido a una anomalía cardíaca. No le cogía por sorpresa, pues ya había pasado por ello en la Blume madrileña, pero el citado protocolo exigía el visto bueno de un especialista cardiólogo, y por ello la demora. «Para que se entienda: hay una vena que sale del corazón y después se divide en dos, pero en mi caso ya sale dividida del corazón. No hay ningún problema y además yo llevaba los papeles con el informe de la Blume, pero había que esperar a que me viera un cardiólogo allí y fueron unas dos semanas en las que ni siquiera podía dar bolas hasta que el cardiólogo confirmara que no había ningún problema, como así fue. Son las reglas de la NCAA (National Collegiate Athletic Association) y el protocolo, por ejemplo, es el mismo para el golf que para el fútbol americano».

Literalmente, no pudo coger ningún palo hasta que el trámite médico estuvo resuelto. Las normas son las normas y no parecía que aquella fuera la mejor situación para alguien que se moría de ganas por empezar a medirse con sus nuevos compañeros, y que además podía encontrar en el golf, su pasión, un bálsamo que facilitara la integración en su nuevo medio. En la distancia, Jon prefiere recordarlo de la mejor manera, echando buen humor al asunto: «No sentí ninguna impotencia, ni tenía ansiedad. ¿Sabéis el calor que hace en Phoenix en septiembre? Yo estaba con el equipo y veía a mis compañeros pegar bolas o salir a jugar mientras estaba tranquilamente en la sombra o acompañándolos en un buggie...»

Es una anécdota que se pierde en el tiempo y que en apariencia no tiene peso alguno, y sin embargo refleja otra de las grandes virtudes que gastan los 'señalados'. Porque no es una cuestión menor esta capacidad que tiene Rahm de darle la vuelta a los 'marrones'. De hecho, es una constante en su carrera profesional. Unos minutos después de firmar la tarjeta de una mala vuelta, casi siempre encuentra el modo ver la botella medio llena, lo que inmediatamente lo sitúa en una posición ideal para aprender de los errores y mantener la confianza razonablemente intacta. Cualquier 'coach' o psicólogo, de todos los que hoy en día acompañan y asisten a la élite del golf profesional, señalan esta habilidad como decisiva.

TIM, EL PUENTE A PHIL

En este punto, y en medio de lo que será un flujo constante de idas y venidas a algunos de los episodios más significativos de la trayectoria preliminar de Jon Rahm, es obligatorio detenerse en la figura de Tim Mickelson. «Mi padre en Estados Unidos, básicamente». Así lo define en pocas palabras el jugador español, antes de entrar en más detalles. Que los hay, y muchos. Y cada cual, más revelador que el anterior.

EL ROCAMBOLESCO FICHAJE POR ARIZONA STATE UNIVERSITY

Lo primero es lo primero: Jon Rahm, con 16 años cumplidos en noviembre de 2010 era ya algo más que una estrella emergente en el golf amateur español, europeo y hasta mundial, pero no se planteaba la posibilidad de obtener una beca universitaria en Estados Unidos gracias al golf. De hecho, no quería marcharse. En este lance y tesitura, como suele suceder, cobra un relieve definitivo la figura paterna, Edorta Rahm. «Aita veía bien que me fuera a Estados Unidos y me iba diciendo: pruébalo un año y lo peor que te puede pasar, si no te gusta, es que aprendas inglés. Entonces yo empecé a pensar que igual era una buena idea», señala Jon.

A partir de aquí, digamos de entrada que su fichaje por Arizona State, por los Sun Devils, no transcurrió ni mucho menos por los cauces habituales. Es más, Jon Rahm anduvo muy cerca de dar el salto a Estados Unidos de la mano de otra universidad, la University of San Francisco. Por varias razones.

Toma de nuevo la palabra Jon, que recuerda cómo fue su primer contacto con esta universidad californiana, en unas circunstancias muy concretas y peculiares que el jugador pretende subrayar para que sirva de alerta a aquellos que puedan encontrarse en esta misma situación. Antes de nada, situémonos: se disputaba el Europeo Sub 18 en Praga, República Checa, durante el mes de julio de 2011. Y a partir de aquí, que hable el protagonista.

«Según el reglamento o las leyes universitarias los representantes de las universidades no pueden dirigirse a ningún jugador que esté en los dos últimos años de instituto. Tienes que ser tú quien te dirijas a ellos. Espero que esto pueda ayudar a alguien que esté pensando en ir a estudiar a Estados Unidos: ellos no te pueden hablar, tienes que tomar tú la iniciativa. En aquel Europeo, durante el segundo día, vi a un entrenador en el hoyo 8, un par 3, no se me olvidará en la vida, con una camiseta de San Francisco. Y yo empecé la conversación por la camiseta, porque mi 'amama' —su abuela— acababa de estar en San Francisco. Le dije, oye, mi amama acaba de estar en San Francisco, ¿cómo estás? Y así empezamos la conversación. Después de esa pequeña charla se quedó conmigo, hice seis menos por los segundos nueve, quedé segundo en la fase de stroke play y luego ganamos el campeonato».

Un interesante paréntesis: en efecto, España ganó aquel Europeo Sub-18 con Asís Bastida como capitán, Txomin Hospital de director técnico y un equipo compuesto por Mario Galiano, Adri Arnaus, Pep Anglés, David Morago, Javier Sainz y el propio Rahm. Ganaron tras dejar por el camino a Irlanda y Dinamarca y vencer en la final a un equipo austriaco en el que brillaba con luz propia Matthias Schwab. «En la fase de eliminatorias Mario Galiano y yo ganamos todos los partidos y también los individuales», apunta.

Rahm había tendido el primer puente, tal y como es necesario hacer y aunque fuera un poco a ciegas, pues él no sabía exactamente quién era aquel señor, su nombre y cargo. Y hasta es posible que la 'estrategia' hubiera sido analizada previamente con la familia, puesto que la University of San Francisco fue fundada en 1859 y está regida por la Compañía de Jesús, a su vez fundada por el vasco San Ignacio de Loyola. «Y eso, los jesuitas, a mi amama le gustaba, cuidado, porque en el norte hay muchos». A partir de este punto y una vez que eres tú quien ha mostrado primero interés, pueden arrancar las conversaciones, siempre y cuando sea la parte del jugador quien pregunta primero en todo momento —esto es: la universidad no puede ir un paso más allá mientras el jugador no lo propicie—. El caso es que al cabo de algunos meses Jon tenía una oferta en firme sobre la mesa: una beca de cuatro años garantizados al ciento por ciento. Póker de ases.

En este aspecto cabe indicar también que tal reglamento ha cambiado. Hoy en día los 'coach' de las universidades tienen un margen algo más amplio para dirigirse a los amateurs que, por ejemplo, están destacando en el golf europeo, como era el caso de Jon y ha sido y es el de tantos y tantos jugadores.

Nos situamos ya con el curso 2011-12 en marcha cuando Rahm tiene sobre la mesa la invitación de San Francisco, pero en el último trimestre de aquel curso se iban a torcer las cosas debido a un error burocrático. «Ellos cometieron algún error con mi edad y ahora iba a tener que esperar un año más en España. Y justo en ese momento, cuando ya estábamos mirando qué podía hacer yo durante aquel año de espera obligada en España, surgió la posibilidad de Arizona State».

RICARDO RELINQUE ENTRA EN ESCENA

En la primavera de 2012 entra en escena una persona de vital importancia en esta historia. Se trata de Ricardo Relinque, enlace de la Real Federación Española de Golf con las universidades americanas desde el año 2010 y hasta el día de hoy, todavía al frente de tal ocupación. Relinque, que era conocedor de las trabas burocráticas que habían surgido con la universidad de San Francisco, había mantenido alguna conversación al respecto con el propio Rahm. Y, después de recibir el visto bueno de la Federación Española, puso en conocimiento del jugador otra jugosa vía que podía explorarse: «Tim Mickelson se había hecho cargo del puesto de *headcoach*, máximo responsable técnico, del equipo de golf de Arizona State University el verano anterior, y pretendía remozar el equipo y cambiar algunos jugadores, así que podía quedarse alguna plaza libre, como de hecho así fue. Yo ya había tenido alguna relación con Tim, pues antes de irse a Arizona trabajó en la Universidad de San Diego, donde yo estaba, él me consultó acerca de los jugadores españoles y enseguida salió el nombre de Jon Rahm», apunta Relinque.

Hay que ver las caprichosas vueltas que da la vida, porque durante un tiempo se abrió la posibilidad real de que Scott Fernández, otro español que ya llevaba tiempo en la universidad de Iowa Sate, compañero de Jon en multitud de torneos amateurs representando a España, pudiera ser transferido a los Sun Devils, aunque finalmente esta posibilidad no fructificó. Esta situación fallida, combinada con la convincente exposición que Relinque hizo a Tim Mickelson de las bondades de Jon Rahm como jugador, propiciaron el acercamiento decisivo.

«La primera vez que oí hablar de Jon Rahm fue mediante Ricardo Relinque. Ricardo fue a la Universidad de San Diego, donde yo era entrenador, así que, cuando me fui a Arizona State, él y yo hablamos sobre la posibilidad de traer jugadores españoles a través de la federación. Había un jugador que buscaba cambiar de universidad, así que yo guardé una beca para él en caso de que sucediera —se trataba precisamente de Scott Fernández—. Finalmente, decidió no cambiar y Ricardo me dijo: tienes que mirar a un chico que se llama Jon Rahm. En ese momento yo revisé el ranking mundial amateur y vi que estaba como en el puesto 30º o algo así. Esa fue la primera vez que oí hablar de él. Aquello sería unos seis meses antes de venir a Arizona State», rememora Tim Mickelson.

Se había dado un giro a la historia de su desembarco en Estados Unidos y así lo recuerda el vasco: «Relinque le había dicho a Tim Mickelson que había un chaval que estaba en el último año, entre los mejores del mundo, que estaba jugando muy bien en Europa... No sé qué más le dijo, pero Tim, sin conocerme, sin hablar conmigo, sin haberme visto nunca jugar, decide darme la oportunidad. Mientras tanto, yo, de Barrika, no tenía ni idea de lo que era Arizona State. Pero me puse a mirar y vi que habían estado Carlota Ciganda, Alejandro Cañizares, Azahara Muñoz, que estaba Noemí Jiménez... Y todos estaban teniendo una buena carrera de golf. Empecé a pensar que igual era un buen sitio para ir: mucho golf, buenas instalaciones, buena temperatura y clima durante buena parte del año, muchas opciones... Y además Tim quería que empezara ya mismo —todo esto ocurría en mayo de 2012 y Tim quería que se incorporara al equipo en agosto de ese año, para el inicio del nuevo curso—. Me daban una beca de dos años y, según como fueran las cosas en el aspecto académico y deportivo, podía irse ampliando. Y lo hicimos sin habernos visto cara a cara».

Hoy día, en vista de los resultados, se entiende aquello como una operación redonda y de plenas garantías para ambas partes, pero son muchos los grandes jugadores que tienen una gran carrera amateur en Europa y luego no rinden en las universidades americanas. Tim, sin embargo, hizo caso a Relinque y a su intuición y fue a por ello. Jon, por su parte, tampoco dudó mucho cuando decidió dirigirse a Mickelson a través de Relinque, una vez que el federativo español le planteó la posibilidad. El resto es historia. Y lo que son las cosas: Tim, que había llegado a Arizona State sólo un año antes que Jon, dejó su puesto allí una vez que el español terminó su periplo universitario en junio de 2016 para ser profesional, y lo hizo como su agente.

QUINCE PALOS EN LA BOLSA

El primer contacto físico, la primera vez que hablaron Jon y Tim cara a cara fue en el Europeo Sub-18 que se celebró en julio de 2012 en Suecia. El coach norteamericano había cruzado el charco, entre otras cosas, para ver por primera vez sobre el terreno a su flamante fichaje. Pero aquel primer contacto, pleno de expectativas por ambas partes, se iba a convertir en un pequeño desastre. «Hasta ese momento sólo habíamos hablado a través del Messenger de Facebook, creo yo, pero mi inglés no era nada bueno, por decir algo. Para colmo, en las primeras rondas clasificatorias me descalificaron porque llevaba quince palos en la bolsa. Así empezó todo... No sé muy bien qué debió pensar Tim».

Nadie mejor que el propio 'coach' para resolver la incógnita: «Nuestro primer encuentro fue en Estocolmo, en el Campeonato de Europa. Hubo dos cosas que me llamaron la atención en aquel momento. Lo primero es que fue descalificado por jugar con quince palos después de acabar segundo en la fase stroke play, lo que provocó que España se quedara fuera de las eliminatorias por el título. Y lo segundo es que después del torneo nos sentamos para hablar y conocernos y en ese primer momento supe dos cosas: una, que era un chico muy agradable y, otra, que su inglés no era muy bueno. Ahí no tenía claro si lo iba a poder hacer bien. Incluso cuando llegó a Arizona tenía mis dudas... Obviamente, me equivoqué».

SI NO QUIERES CALDO, TOMA DOS TAZAS

Tampoco iban a ir mucho mejor las cosas casi dos meses después, el 9 de septiembre de 2012, fecha en la que se jugó el primer torneo del calendario universitario, con Rahm recién incorporado al equipo de Arizona y repescado a última hora por Tim Mickelson para formar parte del equipo en aquella cita, que era el The Gopher Invitational, en el Spring Hill Golf Club de Wayzata, Minnesota. ¿Y por qué puede decirse que fue repescado por Tim para aquel torneo? El asunto es interesante y merece una explicación.

El equipo de golf de una universidad como Arizona State tiene hasta doce jugadores, pero tan solo cinco compiten en los torneos. Por ello, se realizan unas duras y extensas pruebas clasificatorias antes de cada torneo entre los doce miembros del equipo, que pueden llegar a ser hasta de seis vueltas. A partir de aquí, cada 'coach' tiene su propio sistema. Hay quienes eligen sencillamente a los cinco mejores en el acumulado de esas rondas clasificatorias y hay otros, como Tim Mickelson, que clasificaba a los tres primeros y se guardaba por ejemplo dos elecciones a dedo —no hace falta señalar que los expedientes, notas e informes académicos tienen su peso e incluso pueden descartar directamente a algún jugador—. Pues bien, como ya se ha relatado, Jon no pudo incorporarse a los entrenamientos nada más llegar, aquel 25 de agosto de 2012, por el trámite médico del cardiólogo que hubo de pasar, y tampoco pudo disputar ninguna de las primeras rondas clasificatorias del equipo de cara a ese The Gopher Invitational. Sólo le dio tiempo a jugar la última, en la que hizo un buen resultado, el mejor de todo el equipo, por debajo de los 70 golpes, y Tim decidió incluirlo, repescarlo con una de las elecciones que se guardaba.

El estreno de Jon en el Spring Hill Golf Club de Minnesota, el 9 de septiembre de 2012, tampoco iba a mejorar demasiado lo visto en Suecia dos meses atrás, puesto que el español firmaba un 81 en aquella primera vuelta. Jon terminaría el torneo en una discreta 41ª posición en la clasificación individual, tras firmar un 73 y un 78 en las dos últimas rondas, y el equipo de Arizona en un no menos discreto noveno puesto de quince universidades que competían. Por cierto, cuando se cotejan este tipo de datos siempre resulta muy interesante repasar algunos nombres con la perspectiva que da el tiempo. El ganador de aquel primer torneo universitario de Jon en Estados Unidos, por ejemplo, fue Corey Conners, el segundo clasificado fue Max Homa y el tercero Michael Kim. Pero es que en quinta posición aparece Bryson DeChambeau y en sexta el francés Victor Perez. Además, Abraham Ancer terminaría 19º y Erik Van Rooyen, Austin Cook y Carlos Ortiz, empatados en la 22ª plaza... Calidad y talento en pañales había para aburrir, como se ve.

«También hay que entender que yo venía casi directamente del British y estaba pegando a la bola, no sé, matarratas, muy baja. Y me planté en un campo completamente americano donde no podía jugar al golf de esa manera. También era la primera vez, con todo lo que ello supone, con aquellos 36 hoyos que había que jugar casi seguidos en la primera jornada. Acabé muerto. Y otra cosa más que ahora me hace reír, porque me parece increíble que me sucediera: todavía no entendía bien todo el sistema de puntuación para el equipo. Yo estaba jugando muy mal pero pensaba que mi resultado no contaría y haces alguna cosa tonta, tiras algunos golpes sin pensarlo ni hacer cuentas», explica Rahm acerca de aquella primera experiencia.

El remate iniciático tampoco fue nada bueno. Jon se enfadó muchísimo durante la tercera ronda, la que se disputa en la segunda y última jornada, y a Tim Mickelson no le quedó más remedio que castigarlo severamente. «Su primera ronda creo que fue en Minnesota. Acabó frustrado y mostró un poco de ese carácter español. Golpeó su bolsa de palos con el putter y rompió el soporte de la bolsa. Cuando regresamos del torneo le hice comprar una nueva bolsa de palos y le puse a subir y bajar las escaleras del estadio. Ahora sé que ese fuego tan español que tiene juega a su favor, es así como saca hacia fuera su emoción. En aquel momento no lo sabía, apenas hacía un mes que lo conocía», recuerda Tim.

Los comienzos no siempre son fáciles. No obstante, el jugador español reconoce a día de hoy que mereció aquel castigo y que le vino bien para domar al potro salvaje que lleva dentro y para entender la responsabilidad que debe tenerse cuando se juega por un equipo. No deja de ser un tiempo de pura formación integral, no sólo deportiva, y Tim Mickelson no hacía otra cosa que ejercer su papel de educador. «Yo creo que es el castigo más fuerte que puedes tener en la universidad: subir y bajar las escaleras del estadio de fútbol, una a una, hasta que das la vuelta entera al campo», señala Jon. «No fue nada agradable hacerlo a 35 grados, casi me muero. Pero me hacía falta aprender. Todavía me sigue haciendo falta, creo que nunca dejas de hacerlo, aunque me considero una persona que toma nota de sus errores y aprende de ellos. Una vez que fui asimilando ciertas cosas y comportamientos empecé a confiar mucho en él. Me di cuenta de que, aparte de los castigos cuando hacía cosas mal, él entendía también mi potencial como jugador y, sobre todo, me entendía como persona, es así de simple, así que acabé teniéndole mucho cariño».

LA DUDA RAZONABLE DE TIM

Una vez consumado el aterrizaje de Jon en Estados Unidos y en el equipo de golf de la universidad, y viendo cómo el español se iba adaptando a su nuevo medio y circunstancias, el *headcoach* de Arizona State, Tim Mickelson, albergó serias dudas durante las primeras semanas, justo antes de que Jon cumpliera los 18 años, en noviembre de 2012. No hacía falta demasiado ojo para darse cuenta de su potencial como jugador de golf, pero por desgracia eso no es suficiente. ¿Cuántos excelentes jugadores se quedan por el camino antes incluso de acceder al mundo profesional?

Aquel primer torneo en Minnesota no ayudaba mucho, tanto por el resultado, que al fin y al cabo es lo de menos en el primer test, como sobre todo por la actitud y los modos del jugador, que no eran los adecuados. También calibraba el entrenador si Jon sería capaz de arreglarse pronto con el inglés y acoplarse limpiamente a los engranajes académicos, tan distintos a lo que hay en España. Su primera apuesta al respecto era del todo pesimista. «Después de las dos o tres primeras semanas entrenando Tim dijo que yo no iba a aguantar. Para ser más exactos, no me lo dijo a mí, sino a su asistente. No daba un duro por mí porque no dominaba el inglés, me enfadaba en el campo y también me metí en algunos problemas sin querer. Por ejemplo, al principio no sabía que tenía que pasar puntualmente las notas y evaluaciones de mis profesores al cuerpo técnico del equipo, requisito indispensable para que te dejen competir, y no lo hice, aunque por fortuna todo se pudo ir arreglando. Él pensaba que no iba a aguantar, pero yo los malos ratos no los rechazo ni me escondo, los afronto. Los problemas no me paralizan. Es verdad que me costaba mucho hablar con la gente, pero hacía lo que podía y yo creo que poco a poco mejoraba. Pasé incluso vergüenza en algunas situaciones, pero te van enseñando poco a poco y el sistema que tienen es muy bueno en ese sentido. Por ejemplo, tenía a una persona, que en mi caso fue una estudiante con más experiencia, con la que quedaba dos o tres veces por semana y me ayudaba a organizarme con los estudios y a manejar la agenda de la web, porque en cuanto aprendes a usarla te das cuenta de que antes de cualquier clase ya lo tienes todo ahí. Libros, en Estados Unidos, hay los justos. Esta ayudante la tuve durante un año entero y fue fundamental, por ejemplo, para darme cuenta de que hay asignaturas en las que todo estaba abierto y podías quitarte el curso entero en un par de semanas», precisa Jon. Y continúa: «Ahora lo ves desde la distancia y te das cuenta de que era una fase necesaria que tenía que pasar porque de verdad que el cambio es muy grande. Pero nunca llegué a plantearme ni de cerca la opción de volverme a España».

Tim, años después, no hace otra cosa que confirmar aquella sospecha que tuvo cuando el vasco apenas llevaba un mes en la calurosa Arizona. Sonríe mientras lo hace y, por supuesto, se felicita amistosamente a sí mismo por haberse equivocado: «Es verdad, yo dije que no iba a durar mucho. No jugó muy bien en su primer torneo y su inglés no era lo suficientemente bueno como para pensar que podría tener éxito en la universidad. No fue realmente porque su golf no fuera lo suficientemente bueno, pero pensé que no iba a poder aprobar para poder quedarse. Obviamente, me equivoqué y me alegro de haberme equivocado: le fue muy bien a él y también me fue muy bien a mí».

LOS BUENOS RESULTADOS, EL MEJOR BÁLSAMO

Sin embargo, no tardarían demasiado en disiparse las dudas de Tim Mickelson. Antes de que concluyera el primer trimestre, la situación ya había dado un giro de casi 180 grados. El golf, la competición pura y dura, así como las exigentes clasificatorias para el equipo, resultaron ser el mejor bálsamo. O dicho de otro modo: los problemas de adaptación al nuevo medio (estudios, idioma, etcétera) apenas mermaron la confianza de Jon a la hora de agarrar los palos y hacer lo que mejor se le da. Otra prueba más del animal competitivo que lleva dentro.

En el segundo torneo, el Kikkor Golf Husky Invitational, en Washington, la mejora fue evidente, finalizando en un más que aceptable 15º puesto y siendo el mejor de Arizona State. Y en el tercero (Pac 12 Preview) se produjo el primer aldabonazo serio. Se jugaba en Pumpkin Ridge Golf Club, un campazo en Oregón en donde Tiger Woods había ganado su último US Amateur. En el primer golpe de vista el recorrido le encantó a Jon, que tuvo la ocurrencia de decirle a Tim que le parecía fácil, a lo que el coach, algo sorprendido, respondió que allí se habían jugado algunos US Open, tanto de mujeres, como de seniors y Amateur. En la primera ronda Jon firmaba un 77, cinco más, con el consiguiente 'choteo' de Mickelson, aunque el vasco se mantenía firme en su análisis: «Me encuentro bien, estoy contento de cómo he jugado...». Terminaría haciendo aquel primer día un 64, ocho menos, en la segunda ronda y un 65 al día siguiente en la tercera, para finalizar en segunda posición.

UNA CONVERSACIÓN FRANCA Y DIRECTA

Es importante rebobinar un poco, muy poco, para detenerse en una situación de vital importancia en el desarrollo de los acontecimientos, así como en la percepción que a partir de aquel momento iba a tener Tim Mickelson de aquel bravo español. El hecho se dio en el ya citado segundo torneo del curso en Washington y es Rahm quien lo cuenta. «El campo donde se jugaba, Gold Mountain, me recordaba a los del norte, también por la temperatura. Me sentía como en casa, así que pensé: aquí voy a jugar bien. Pero jugué bastante regular en la primera ronda —entregó un 75— y Tim decidió poner a mi lado a un asistente, para que me fuera guiando y me controlara. Me decía qué tenía que hacer casi en cada golpe y me hacía tirar siempre a centro de green, a asegurar... Yo creo que aquello lo hicieron también para que me aprendiera bien el sistema y el juego de equipo. Y ahí estuve con Michael —firmaría junto a él dos tarjetas de 73 golpes, para acabar 15º, como ya se ha dicho—, un tío muy majo. Pero aquello no era para mí. Después del torneo le dije a Tim que yo así no podía jugar, que me tenía que dar libertad y que me veía capaz de hacerlo bien».

Sin embargo, y a pesar de aquella conversación franca y directa, Tim de momento le mantuvo al asistente al lado, también en el tercer torneo, en Pumpkin Ridge, donde el vasco iba a terminar, como ya se ha dicho, en segundo lugar tras acabar con registros de 64 y 65 golpes. «Yo estaba tratando de hacerles ver que el modo como más iba a ayudar al equipo era jugando lo mejor posible para mí y desde luego a mi manera, que no es tirando a centro de green todo el tiempo. Ellos siempre me decían, cuando tenía un golpe arriesgado: hazlo si crees que puedes hacerlo ocho veces de cada diez. Pero yo no soy así, yo si veo el golpe, lo hago, sin pensar en más historias. Después de este torneo Tim me dijo: de acuerdo, a lo mejor te has ganado el derecho a jugar solo». Aquello ocurría poco antes de mediados de octubre, cuando apenas habían pasado seis o siete semanas desde su llegada a Arizona y la adaptación de Jon parecía casi un hecho. Sólo le quedaba ganar —qué fácil es decirlo— e iba a tardar muy poco en conseguirlo. «Creo que una de las claves de Jon es que él sabe que es muy bueno. Cree en sí mismo, por lo que en cualquier golpe que tiene por delante, sabe que va a pegar exactamente donde quiere. Lo más importante que debes hacer en el golf cuando estás pegando un tiro es hacer un swing seguro y agresivo, ¿no es así? Pues bien, él lo hace todo el tiempo. Por eso va a por muchas banderas. Jon es tan preciso que finalmente llegué a la conclusión de que no merecía la pena decirle que tirase al centro del green. Sabía que iba a ir por la bandera, así que dejé de tratar de cambiarle la opinión. Una de las razones por las que juega tan bien es que rara vez pega un mal tiro», señala Tim.

LA PRIMERA VICTORIA

Jon había recuperado la 'libertad' en el campo e iba a terminar en 26º posición en el siguiente torneo, el Alister MacKenzie Invitational en California. Una posición no demasiado brillante, aunque su resultado fue el mejor del equipo de Arizona. Acto seguido, la semana siguiente, el lunes y martes, 22 y 23 de octubre de 2012, también en tierras de California, en el Wood Ranch Golf Club, no iba a dejar lugar a más dudas: firmaba tarjetas de 72, 65 y 67 golpes y ganaba el Bill Cullum Invitational con tres golpes de ventaja. Había dado la campanada al quinto intento, un logro al alcance de muy pocos en su primer año universitario, aunque la etiqueta de número uno del equipo de Arizona ya se la había ganado antes en las exigentes rondas clasificatorias, en las que rara vez no terminaba en primer lugar.

Capítulo segundo: Primer duelo cara a cara

OCTUBRE DE 2013: UN WASAP A ESO DE LAS 16,20 EN ESPAÑA

A mediados del mes de octubre de 2013 Edorta Rahm recibió un wasap de su hijo pasadas las cuatro de la tarde. «¿A qué no sabes con quién juego hoy?», decía. Y el lacónico mensaje iba acompañado de una foto, en un putting green, en la que posaban su hijo y Phil Mickelson.

En aquellas fechas, Jon había acompañado a Ricardo Relinque al Titleist Performance Institute (TPI) de San Diego, considerado el centro de alto rendimiento de golf más importante del mundo, donde el federativo español mantiene excelentes contactos y promovió un acuerdo de colaboración entre este centro y la Federación Española, de tal modo que los jóvenes amateurs universitarios puedan aprovechar las excelentes instalaciones que hay allí, un auténtico laboratorio del swing del golf en el que, entre otras cosas, se ponen al servicio del jugador los últimos avances y estudios en la biomecánica de este deporte.

Una vez allí, como quien no quiere la cosa —la idea de este duelo, podemos estar seguros, flotaba en el ambiente desde hacía tiempo—, y dado que Relinque mantiene una gran amistad con Dave Phillips, cofundador del TPI junto a Greg Rose, y éste a su vez es miembro destacado del círculo de confianza de Phil Mickelson, un asunto fue llevando a otro... «Estábamos con Dave Phillips y me dijo, oye, a ver si podemos jugar mañana. Y no sé muy bien cómo se organizó la partida. A ver, yo creo que la conversación la sacó Ricardo y Dave habló con Phil. El caso es que ahí estaba yo, la noche antes de jugar, nerviosísimo, taquicárdico. No sé cuántas horas pude dormir, pero seguro que no fueron muchas. Eran nervios de pura excitación, de los buenos, ese tipo de nerviosismo que yo creo que te ayuda más que perjudica, porque son ganas de querer que llegue el momento, de que empiece ya y de hacerlo bien», recuerda el vasco.

En fin, el caso es que una estrella del golf amateur va quemando etapas, va enfrentándose a retos de mayor calado cada vez y trata de ir asimilando como puede todo lo que está ocurriendo a un ritmo vertiginoso, pero son pocos los que, antes de cumplir los 19 años, pueden tachar de su 'lista' de retos un duelo particular, mano a mano, con el vigente ganador del British Open, porque eso, además de número tres del mundo y otras muchísimas cosas, es lo que Phil Mickelson era en aquellos momentos. Quizá, en las horas de duermevela previas al gran día se le apareciera a Jon, majestuosa, la madera 3 que el californiano había pegado en el 17 de Muirfield unos meses antes, golpe que selló la victoria y puso la Jarra de Clarete en sus manos.

Hay que aclarar una cuestión. El partido era a cuatro bandas. Jugaron Phil Mickelson, Dave Phillips, Jon Rahm y Roberto

Lebrija, un chaval mexicano aún más joven que el español, socio del club donde se disputó el duelo, el bellísimo The Bridges at Rancho Santa Fe, situado unos kilómetros al sudeste del TPI de San Diego, en un enclave con una orografía muy movida, entre pequeñas cordilleras que se conectan a través de unos cuantos puentes, de ahí el nombre, que salvan las abruptas veredas.

Se dividieron los cuatro en parejas y compitieron, pero al mismo tiempo, y esto lo tenían todos en cuenta y muy claro, había otra competición abierta con su propio 'score', que era la que enfrentaba a Phil y Jon. Sin más. Uno de los grandes gallos del corral mundial del golf tenía interés por ver de qué pasta estaba hecho un joven de Barrika que aún no había cumplido 19 años y del que ya, a esas alturas, su hermano Tim le había descrito mil y una bondades. Ten cuidado, hermanito, que éste es como tú: tiene talento para aburrir y odia perder por encima de todas las cosas.

PHIL BAJA LA GUARDIA EN EL TEE DEL HOYO 1

El partido estaba preparado para las 7,30 de la mañana y por eso Edorta recibió aquella foto nueve horas y unos cuantos miles de kilómetros más al este, en España. Paradójicamente, y como suele suceder en este tipo de casos, cuando uno casi cuenta cada minuto antes de que llegue el gran momento, Jon se había presentado en el campo con el tiempo justo, sin apenas tiempo para calentar, y es posible que por ello Phil se apiadara cuando el de Barrika pegó una considerable escapada en el tee del 1, un par 5 que no es muy largo (unos 480 metros), pero cuyo segundo tiro se realiza a un green en alto, con un desnivel considerable, lo que en realidad alarga el hoyo. O puede que pesara más la sana intención de rebajar de inicio la tensión (Lebrija apenas era un muchacho de 15 años y Jon no dejaba de ser un impetuoso jugador en su segundo curso universitario...) que el instinto de 'killer' del flamante ganador del Open.

El caso es que Phil concedió el 'mulligan'. Marcadores a cero. Y Rahm esta vez la puso en calle, porque no era cuestión de desaprovechar ninguna concesión. Y luego hizo un birdie de manual. También Phil, así que las espadas seguían en todo lo alto. El californiano, socio de The Bridges y por tanto buen conocedor del campo, no iba a levantar el pie del acelerador, pero es obvio que su despliegue inicial de juego, sembrado de excelentes golpes y birdies, no intimidaba al bravo jugador español. A los hechos hay que remitirse: «Yo empecé birdie, par, birdie y birdie en los cuatro primeros hoyos. No está mal, ¿verdad? Pues íbamos empate. Así que me dije, vaya día me espera, no sé cuántos birdies habrá que hacer hoy para ganar el partido», aclara Jon. Después, en los dos siguientes hoyos, 5 y 6, sendos pares 4, bajó el ritmo, como cabía esperar y las leyes del golf demandan. Es más, ambos se apuntaron en este tramo sendos bogeys y sendos pares, por lo que el partido seguía empatado cuando se subieron al tee del hoyo 7, el segundo par 5 del día.

CUANDO PHIL SE PUSO A HABLAR EN EL GREEN DEL 7

El hoyo 7 es un par 5 que ronda los 500 metros, bastante recto, aunque en la supuesta zona de aterrizaje del primer disparo la calle se estrecha bastante por culpa de unos bunkers que aguardan a ambos lados, especialmente tres que se sitúan por la derecha, muy bien colocados por Robert Trent Jones Junior, diseñador del recorrido. El español lo jugó de tee a green de modo imperial. Tanto, que se había dejado una fantástica opción de eagle de unos dos metros. Mucho mejor que eso no puede hacerse. Mickelson, sin embargo, había tenido algunos problemas, si bien cazaba el green en regulación y se dejaba una opción razonable de birdie desde unos cuatro o cinco metros. El partido se iba enconando, la igualdad era máxima y poco a poco iban llegando a esos primeros momentos decisivos de una ronda match play, en los que conviene ir decantando la balanza de tu lado, o como mínimo mantener a raya a tu oponente. Jon tenía la clara iniciativa en el 7, pero nada estaba perdido todavía en aquel hoyo, debió pensar Phil, que entonces sacó a pasear el más viejo y efectivo de los recursos cuando se juega un duelo amistoso, que consiste básicamente en tratar de meterse en la cabeza del otro a través de la palabra. Hay que elegir con tino el momento de ponerse a hablar y Mickelson escogió el mejor de todos, justo después de embocar su putt de birdie. Bien sabía él que salir de allí con el hoyo empatado podía hacer mucho daño a su joven rival.

«Acababa él de meter su putt de birdie», rememora divertido Jon, «y yo me puse a mirar mi putt, por aquí, por allí, metido en mis cosas. Pero él se puso a hablar y me decía: mira Jon, he metido ese putt con toda la intención, sabiendo que tú ahora vas a fallar el tuyo y vas a sentir que has perdido el hoyo, y son esos episodios de los que luego te acuerdas y que cambian el momento de un partido... Y él seguía hablando, y yo mirando mi putt de eagle. Y ya me puse casi para patear y él seguía hablando, me quité de la bola, lo miré, pero él seguía y seguía, hasta que al final me puse y lo metí, sin más historias. Y me fui tranquilamente andando, sin decir nada».

Conviene aclarar que en el relato de Jon no hay poso alguno de incomodidad, molestia, y mucho menos de denuncia. Ni lo hay ahora, ni lo hubo entonces. Aquello sólo hay que entenderlo como las sibilinas triquiñuelas del match play, que están a la orden del día en un duelo amistoso, salvo que se establezca lo contrario.

Además, puede —y suele— ocurrir que, si la jugada no sale como estaba planeada, los efectos colaterales se vuelvan más en tu contra. Así sucedió: Jon salía del 7 uno arriba y el hoyo 8, par 3, lo ganaba también con un par más o menos sencillo para situarse dos arriba llegando al ecuador de la vuelta. El 9, sin embargo, el tercer y último par 5 del los primeros nueve (por los segundos sólo hay uno más), se lo llevó Mickelson, que obviamente no es de los que se arredran ante las dificultades. ¿Qué ocurrió en aquel hoyo 9, que está tan bien defendido por un gran obstáculo de agua en todo el flanco derecho hasta el fondo del green? Es curioso, pero Rahm, en su narración, pasa por encima de aquel suceso como si tal cosa: «Me había puesto dos arriba, pero pierdo el 9 y nos vamos al tee del 10». Lo que nos lleva a pensar si no es este simple detalle el reflejo de otra de las grandes virtudes del gran jugador de golf: el recuerdo de los buenos golpes puede y debe permanecer intacto, incólume, pero el de los malos debe quedar aniquilado, reducido a la nada. Tampoco puede descartarse que el matiz tenga más que ver con lo 'picones' que son ambos. No dan puntadas sin hilo: Jon no dice que Phil le ganó el hoyo, sino que él lo perdió, lo que, siendo muy parecido, también es muy diferente...

El duelo, por tanto, llegaba muy igualado al tee del 10, uno arriba para Jon. Este hoyo, un par 4 dog leg izquierda, no demasiado largo, más bien corto, es uno de los más señalados de The Bridges por su espectacularidad, ya que desde los tees más complicados debe salvarse de vuelo un barranco profundo y con una anchura que puede llegar a los 160 metros, desde el tee y hasta la hierba segada al ras. Esta dificultad, que puede intimidar seriamente a un aficionado medio, no supone ningún reto especial para jugadores de gran categoría, que incluso pueden plantearse el disparo a green o hacia sus inmediaciones, comiéndose el dog leg. Ellos, Phil y Jon, no tuvieron desde luego ningún problema aquel día, pues ambos se dejaban sendas opciones cercanas de birdie. La de Jon, a unos dos metros; la de Phil, un poquito más larga, sólo un poquito. Entonces, el californiano ponía de nuevo en marcha el ventilador de las incertidumbres. «He dejado a propósito mi approach un poco más lejos que el tuyo, porque lo que quiero es que me veas embocarla a mí primero para meterte presión», cuenta el español que le dijo.

Sin embargo, Phil falló su putt. Y a continuación, Jon también erró el suyo. Tablas en el hoyo, tablas en la batalla psicológica. Pero todo seguía igual, uno arriba para el español.

PHIL SACA TODA LA ARTILLERÍA CAMINO DEL HOYO 12

El hoyo 11 de The Bridges es un par 3 de longitud media, unos 160 metros, también de postal, pues de nuevo hay que pasar de vuelo un barranco. El disparo de Mickelson es magnífico y la deja muy cerca, mientras que Jon pateará para birdie, pero desde mucho más lejos. Lo falla y el estadounidense recupera en parte la iniciativa al establecer de nuevo el empate en el marcador con un birdie. En este punto, mientras se subían al tee del 12 e iban preparando el disparo, Phil sacó toda la artillería pesada. Se ve que era la hora de echar el resto, una vez que había cazado en el marcador a su joven y fiero rival. «Después de hacer el birdie en el 11 Phil se acercó y me dijo: ¿has visto? Cuando te gane el partido te vas a acordar mucho del putt corto que has fallado en el 10 y también de éste que acabas de fallar. Algo así me dijo, y no paraba. Perfecto. Salimos en el hoyo 12 y cogí el green en regulación, aunque mi opción de birdie era de unos diez metros.

Pero resulta que lo metí. Y a continuación le gané también el hoyo 13 con otro putt largo, así que otra vez me ponía dos arriba, pero ahora ya quedaba mucho menos». No cabe duda de que los hechos, tal y como se han contado, llevan la firma de Rahmbo, el chico al que a lo mejor conviene no picar demasiado... «A mí este tipo de comentarios nunca me han afectado. Yo creo que él se creía que podía meterse de verdad en mi cabeza, desestabilizarme y controlar así el partido, pero no, ya digo que a mí eso nunca me ha afectado. Es más, yo creo que cuanto más hablaba, más me motivaba», argumenta el de Barrika.

Tampoco debe ser nada sencillo meterse en la cabeza de Phil Mickelson, pero puede intentarse. Al margen de lo que ya había visto o le habían contado, algo debió conmoverle en aquella encrucijada del duelo. De acuerdo, estaba claro que aquel joven vasco era un buen jugador, eso ya lo sabía antes incluso de verlo o jugar con él, porque su hermano Tim le había contado lo suficiente, pero es muy probable que saliendo del hoyo 12, después de haberlo presionado entre bromas y veras y viendo cómo se revolvía, cómo respondía, situara a Jon uno o dos peldaños más alto en la escalera de las expectativas.

Aún tenía Phil tiempo y hoyos por delante para machacarlo, o al menos para darle la vuelta al resultado, pero probablemente comprendió que iba a tener que hacerlo con muy buen juego y birdies, porque la presión que ejercía su sola presencia se había esfumado tras el mulligan concedido en el hoyo 1, y tampoco parecía impresionarlo nada —más bien todo lo contrario— la palabrería maquiavélica del veterano curtido en mil batallas. Tocaba bajar a la arena de verdad, a pelear contra el León, pero el partido ya se había decantado.

«Salvo aquellos primeros hoyos y alguno más, hay que reconocer que él tampoco tuvo un gran día de golf, aunque de todas maneras tuve que hacer muchos birdies para ganarle. En los hoyos 14 y 15 todo siguió igual, no pasó nada importante y yo seguía dos arriba y en el 16, el último par 5 del campo, gané el hoyo y el partido con otro birdie», sentencia el español. Fin de la historia. O quizá no...

No, Phil Mickelson no iba a rendirse tan fácilmente, y aunque su juego había ido claramente de más a menos durante la jornada, todavía iba a luchar por llevarse alguna presa a casa. Así que en el tee del 17 se estableció otro clásico de los duelos amistosos match play: una vez acabado el partido, se juega en los hoyos que queden por la mitad de la apuesta anterior (información para conciencias puntillosas: la apuesta sobre la mesa al inicio de la vuelta no pasaba de 20 dólares, aunque eso no quita para que Phil, guasón y algo fanfarrón, preguntara a todos en el primer tee: «¿Traéis dinero?»).

Comenzaba entonces un partido de dos hoyos, casi de muerte súbita. En el 17, par 3, salieron empatados con sendos pares. Y en el 18... Pues en el 18 ocurrió que Jon Rahm pegó una salida inmaculada y acto seguido se dejó dado el birdie. Se lo llevaba todo a sus cuarteles de invierno de Phoenix, Arizona.

El vasco estaba en una nube: «Tener ahí a Phil Mickelson, a quien sólo has visto jugar y ganar por la televisión, conocerlo, jugar con él y además ganarle... Sólo puedo decir que aquello fue único. No hace falta que yo diga ahora quién es Phil Mickelson y su impacto en el golf mundial, por eso es difícil que nadie se haga una idea de lo que supuso para mí aquel partido. Y por supuesto que este tipo de cosas, cuando todavía eres un amateur, te ayudan a creer más en ti y a aumentar la confianza».

En cuanto a Phil... Lo cierto es que no demoró demasiado su estancia en The Bridges aquel día. No es que se enfadara, no llegó a tanto, pero es otro de estos sujetos a los que les cuesta algo más que a la media asimilar la derrota. Es probable que, mientras se marchaba en su coche le diera vueltas a una pregunta recurrente: ¿quién me mandaba a mi concederle el mulligan en el hoyo 1?

Quién sabe, a lo mejor, en una rápida y sencilla asociación de ideas, incluso se acordó de otro 'match' que había tenido lugar en aquel mismo campo más de diez años atrás, el 28 de julio de 2003. Fue uno de aquellos partidos amistosos que organizara una televisión americana durante algunos años, a razón de uno por temporada, en los que básicamente Tiger Woods se reunía y competía con algunos de los mejores jugadores del mundo. En aquella ocasión, en 2003, Tiger y Ernie Els se enfrentaron a Phil Mickelson y Sergio García en un trepidante fourballs del que Sergio y Phil salieron vencedores. Esta vez, con otro joven español por medio, había caído en el lado perdedor...

EL TESTIGO ADOLESCENTE QUE APENAS PODÍA COGER EL PALO

Como ya se ha explicado, un jovencísimo mexicano, Roberto Lebrija, socio de The Bridges, formó parte del cuarteto que jugó aquella mañana de octubre junto a Dave Phillips, Jon y Phil. Si Jon apenas había podido conciliar el sueño la noche anterior, cabe suponer que a Lebrija no le fue mucho mejor en este aspecto. Dave Phillips, que también es socio del club, le había invitado a tan exclusivo encuentro: «Va a venir Phil a jugar y también un español que está en el college», fue lo que en resumidas cuentas le había dicho. Con apenas 15 años ya pegaba a la bola que la rompía, muy, muy fuerte para su edad y apuntaba excelentes maneras, pero no dejaba de ser un adolescente que además nunca había jugado antes con Phil Mickelson. Tampoco lo había hecho con Jon Rahm, a quien no conocía prácticamente de nada.

«Este güey va a ganar por lo menos cinco 'majors'», se dijo para sí mismo cuando había finalizado la emocionante jornada de golf, refiriéndose obviamente a Jon Rahm. Lebrija no ha olvidado el impacto que le causó el tornado de Barrika: «Yo estaba muy nervioso en el tee del 1. Creo que durante los primeros hoyos no fui capaz de agarrar bien el palo, de los nervios que tenía, pero Jon ya iba jugando muy bien desde el principio», rememora hoy, a sus 21 años y después de haber buscado su camino en el PGA Tour Latinoamérica, entre otras vías. «No recuerdo en qué hoyo ganó a Phil, pero es que hizo siete u ocho menos, algo así. Yo entonces ya había jugado alguna vez con profesionales muy buenos de México, pero nunca había visto a nadie jugar al golf como Jon. Me impresionó mucho su manera de patear, sobre todo, pero es que lo hacía todo bien. El drive, por supuesto. Yo también le pego muy fuerte y estaba acostumbrado a ir más largo en todos los partidos que jugaba, pero Jon era aún más largo y además iba recto».

Roberto destaca otras cualidades que ya vio en Jon y que son las que marcan la diferencia. «Es muy valiente, no teme a nada. Si necesitaba meter un putt, lo metía. Tiene esa capacidad que sólo tienen los elegidos de visualizar el golpe preciso y ejecutarlo». Y, por supuesto, recuerda bien como Phil Mickelson trataba de desestabilizarlos con sus comentarios: «Sí, te va molestando, le encanta hacerlo y hablarte, decirte cosas, meterte presión. Es muy divertido», señala. Y remata con una aseveración inevitable: «Me parece que Phil también se quedó muy impresionado con Rahm». Unas semanas más tarde, el vasco regresaría a The Bridges en compañía de Relinque y otros españoles como Scott Fernández o Adri Arnaus, invitados de nuevo por Phillips, que también andaban por tierras americanas y acudían a San Diego a realizar alguna pequeña concentración —no nos olvidemos del acuerdo entre el TPI y la Federación Española—. «Él, Jon, volvió a hacer siete u ocho menos», concluye Lebrija.

¿Qué importancia habría que darle al hecho de que un jugador universitario, recién comenzado el segundo curso en Arizona State y antes de cumplir los 19 años, superara de aquella manera a todo un campeón como Phil Mickelson en un mano a mano amistoso? Los hechos son los que son, las circunstancias y el escenario eran como eran y cada cual puede atribuirle mayor o menor trascendencia.

Habrá quien argumente que la motivación de todo un Phil Mickelson, por más que odie perder y sea capaz de competir hasta con su propia sombra, no podía estar en ningún caso al nivel de la de Jon. Pero en oposición a esta idea también habría que valorar el hecho de que el jugador californiano había sumado hasta cinco birdies en los primeros once hoyos, un registro lo suficientemente potente como para concluir que el triunfo resultaba muy caro.

Por otro lado, a nadie se le escapa que no es lo mismo un encuentro de este tipo que la competición profesional, pura y dura. Pero seguro que hay una cuestión en la que la gran mayoría puede estar de acuerdo: el suceso aporta algo más que una pista, una evidencia empírica, acerca del perfil de Jon Rahm, destacada por todos los que estuvieron presentes: ni es un jugador fácilmente impresionable, sino todo lo contrario, ni tampoco su nivel de juego desciende cuando las pulsaciones se disparan, antes bien, incluso mejora.

Cada gran jugador encuentra su techo de rendimiento, por las circunstancias que sean, en un nivel más o menos concreto. Hay quienes arrasan en los campeonatos de club, pero no dan la talla cuando salen de allí; hay otros amateurs que además dan la cara cuando salen de su club, representando incluso a su país en eventos internacionales, pero luego no son capaces de dar el salto a profesional con garantías. Hay quienes dan el salto a profesional, pero no son capaces de ganar, o les cuesta la misma vida. Hay quienes ganan con cierta frecuencia, pero no lo hacen en las grandes citas. Además, hay quienes pueden incluso ir cumpliendo todos estos pasos, pero de un modo más lento que otros que, en apariencia, no eran mejores jugadores.

De Jon Rahm, a aquellas alturas, ya podía decirse que había sido un excelente jugador de club, un amateur en edades infantiles y Sub 18 de gran talla internacional y un jugador brillante en la competición universitaria más dura del mundo, pues cuando se vio con Mickelson por primera vez en el The Bridges, había ganado ya dos torneos universitarios y estaba a punto de ganar el tercero —lo haría días después de batir a Phil—. Al respecto, también se puede recordar que en sus cuatro años universitarios sumaría la impresionante cifra de once triunfos.

Pues bien, después del encuentro aquí descrito con profusión de detalles y anécdotas, ahora ya podía afirmarse que Jon Rahm no se arredraba ante la sola presencia de una leyenda y hasta era capaz de borrarla del mapa, a la primera, en un duelo mano a mano, por amistoso que fuera. No es éste un grado en el que suelan contrastarse las capacidades de un joven aspirante, puesto que este tipo de duelos no son moneda corriente, pero él tuvo la oportunidad de medirse en tan privilegiada tesitura y su nota fue de sobresaliente.

JON SIN MIEDO

Michael Jordan jugándose con éxito la última posesión de un partido, decisiva para el resultado final. Tiger Woods enfrentándose a un putt que puede cambiar el signo de una vuelta o un torneo y embocándolo. Rafa Nadal elevando el nivel de su juego cuando más se aprieta un partido. Leo Messi apareciendo para decantar una final con goles y asistencias. Ni siquiera ellos son perfectos. Todos son batibles. Pero existe un acuerdo común en reunirlos bajo un mismo patrón: pertenecen a la clase de atleta que es capaz de mantener o elevar el rendimiento en situaciones de máxima presión y, sobre todo, capaz de hacerlo con más continuidad y consistencia que la media. A Jon Rahm, cuyo currículo anda lejos todavía del de los nombres citados, también se le incluye ya en este club exclusivo. Es un rasgo que lo caracteriza. Haciendo alusión al clásico cuento de los hermanos Grimm, tal y como su título fue adaptado —más que traducido—, los medios españoles a veces se han referido al jugador de Barrika como 'Jon sin miedo'.

Y no es sencillo establecer cómo se conquista tal cualidad, si es que de verdad puede conquistarse. Una vez más, da la sensación de que los elegidos la traen de serie. Joseba del Carmen, coach mental de Jon, entre otros deportistas, y auténtico especialista en materia tan procelosa, establece una clave fundamental. «Lo más importante para enfrentarte al miedo o a la presión es reconocer que lo tienes. Existe incluso ese momento de paz, llamémoslo así, cuando uno acepta el miedo y decide con lucidez enfrentarse a él». Y añade, refiriéndose al vasco: «El modo que él tiene de enfrentarse al miedo o a la presión máxima es algo que pocas veces he visto. Eso no significa que no lo sienta. De hecho, Jon es una persona tan emocional que estoy convencido de que siente esos miedos a unos niveles increíbles. La diferencia la marca aquel que es capaz de reconocer el miedo, asumirlo, tomar la decisión de enfrentarse a él y continuar adelante. Y en este aspecto, he visto a muy pocos con la capacidad de Jon Rahm».

Los padres del jugador, Edorta y Ángela, no trazan en este aspecto una línea genética clara, pero reconocen esta virtud en Jon sin medias tintas. «No sé por qué es, pero tengo muy claro que a él le gusta estar bajo presión. Y se desenvuelve muy bien. Esos momentos son como una droga para él. Y creo que eso le ocurre a todos los grandes deportistas», apunta Edorta. Ángela, además, introduce algunos aspectos muy interesantes en el análisis: «Siempre tuvo una gran capacidad de concentración. No necesitaba estudiar mucho; cuando atendía en clase, ya se le quedaba. Luego, es verdad, parece que en momentos de presión es capaz de concentrarse todavía más. Yo creo que todo eso va unido a que en casa siempre le insistimos en que lo más importante era ser buena persona y, no es que lo diga yo, que soy su madre, sino que creo que toda la gente que le conoce bien dirá que es una persona con sus defectos, como todos, pero sin dobleces. Y creo que eso, no tener dobleces, ayuda a la hora de ir de frente para afrontar el reto que sea».

Cada cual, con sus miedos e incertidumbres, va modelando la personalidad con el paso de los años y a buen seguro que ninguno de los grandes deportistas aquí citados, tampoco Jon, se encontraron la capa de 'superhéroe' colgada en el armario. Son capaces de marcar la diferencia en la hierba, el parqué, la tierra batida o los greenes, pero al fin y al cabo son de carne y hueso, tal y como lo prueban algunas anécdotas reveladoras. Rafa Nadal, en su ya citada autobiografía ('Rafa. Mi historia'), confesaba su aversión miedosa a la obscuridad, e incluso a algunos animales. Jon nunca ha sido una persona especialmente extrovertida, pero en ningún caso fue tampoco un niño timorato y retraído, entre otras cosas por la educación que recibió en casa, opuesta a la autocomplacencia y el victimismo, como ya ha quedado escrito. Sin embargo, también tenía su flanco débil, muy suavizado con el paso de los años, es cierto: las tormentas. «No ha sido muy miedoso, pero cuando era pequeño escuchaba un trueno y se ponía fatal. Con siete u ocho años tampoco se atrevía a coger con las manos los cangrejitos cuando salíamos a pescarlos, aunque con doce ya salía él solo a pescarlos», recuerda Ángela.

Capítulo tercero: Segundo y tercer duelo cara a cara

El tiempo seguía corriendo a favor de Jon Rahm porque él no dejaba de abrir nuevos campos a las expectativas. Al margen de los buenos resultados en los torneos universitarios, el joven vasco sentía cada vez con mayor claridad que la decisión de dar el salto a Estados Unidos había sido algo más que un acierto. Su golf, gracias al concienzudo plan de entrenamiento y bajo la supervisión de Tim Mickelson y su equipo, cada vez era más consistente y afilado. Cuando se enfrentó a Phil Mickelson por vez primera, como ha quedado apuntado, el vasco ya era un destacado jugador universitario en Estados Unidos y número uno oficioso de Arizona State casi en cada cita. La adaptación de Rahm al nuevo medio estaba más que completada y encima su nivel de inglés no dejaba de aumentar —mantuvo las clases especiales durante tres semestres— y el rendimiento académico era más que satisfactorio. No había nada ni nadie que lo distrajera de los grandes objetivos.

Uno de ellos, atendiendo a su realidad más cercana en aquel momento, era el de convertirse en número uno del mundo amateur. «A veces, dentro del equipo nos propusieron que habláramos de nuestras metas y para mí siempre era la misma: ganar torneos y ser número uno del mundo amateur. Este ejercicio nos lo ponían, pero al margen de esto yo ya lo había dicho más de una vez. No sé si mis compañeros entendían bien lo que quería decir, o mejor dicho, si se lo creían o no, pero yo hablaba muy en serio cuando decía aquellas cosas».

Pues habría de todo, por supuesto. Quienes lo creían a pies juntillas, en vista de que aquel muchacho no sólo hablaba fuera de las cuerdas, sino sobre todo dentro de ellas. Y aquellos que eran más escépticos. Lo que sí había quedado muy claro desde el primer momento para todo el grupo, para el equipo, es que aquel español no entendía de jerarquías impuestas a priori, ni estaba dispuesto a rendir vasallaje a nadie, por novato e inexperto que él fuera: «Hubo un pequeño incidente nada más comenzar el primer curso, recién llegado yo a Phoenix. En el viaje del primer torneo algunos del equipo me dijeron que yo, como novato, era uno de los que tenía que coger las maletas de todo el equipo de la cinta transportadora y llevarlas al coche. A mí, que me den órdenes de esa manera, sobre todo gente que es de mi edad o parecida, no me gusta nada. Sencillamente respondí: no. Ellos insistían, pero les dejé muy claro que ya podían discutir todo lo que quisieran, que yo no iba a coger sus maletas. A mí no me iban a tratar como si fuera menos que ellos. Yo les decía: mira, el día que me ganes jugando al golf a lo mejor te hago caso. Todo esto, afortunadamente, duró un torneo. Creo que aprendieron rápido que nunca iba a dejar que se aprovecharan de mí».

Jon se acuerda perfectamente de quién le ordenó que cogiera las maletas, el que llevaba la voz cantante en la novatada —«sí, no lo voy a olvidar nunca»—, pero prefiere no apuntar el nombre.

«Yo no había cumplido los 18 y él tendría 19 ó 20, pero lo gracioso del asunto es que él había sido transferido de otra universidad aquel mismo verano, así que técnicamente era igual de novato que yo en Arizona State», puntualiza.

EL SEGUNDO CARA A CARA CON PHIL

Jon no dejaba de evolucionar y es más que probable que Phil Mickelson siguiese su progresión con el rabillo del ojo, convenientemente informado por su hermano Tim. Desde aquel primer encuentro con triunfo 'teenager' había quedado suspendida en el aire la posibilidad real de una revancha y, al fin, un año después, también en octubre —año 2014—, volvían a verse las caras en el mismo escenario, el The Bridges at Rancho Santa Fe.

En este segundo encuentro el nivel aún fue más alto. La prueba es que Jon hizo aún más birdies y sin embargo el partido llegó vivo y coleando al tee del 17. En el primer cara a cara, recordemos, Jon le había ganado por 3 y 2 en el green del 16, mientras que en esta ocasión, a falta de dos hoyos por jugar, Jon estaba tan solo uno arriba. A lo largo y ancho de la jornada se dieron dos diferencias interesantes respecto a la primera cita del año anterior. Por un lado, esta vez iban en el mismo buggie; y por otro, a pesar de pasar más tiempo juntos compartiendo el carro, esta vez Phil no puso tanto en juego la maquiavélica y divertida estrategia dialéctica, hasta el punto que Jon, con el partido muy igualado, se lo recordó con guasa saliendo del hoyo 14 a bordo del buggie: «Le dije que me daba la sensación de que esta vez no estaba hablando tanto como la ocasión anterior y me respondió: es que ya he visto que contigo no funciona, así que mejor me callo».

De todos modos, el estadounidense aún iba a echar mano de aquella estrategia cuando el duelo, al fin, había llegado al momento de la verdad. En el 17, par 3, con el partido uno arriba para el vasco, Phil pegó un buen tiro en línea a bandera, pero el efecto óptico no permitía determinar con exactitud desde el tee la distancia a la que había quedado la bola de la bandera. «Se veía que estaba en línea, algo corta, y entonces empezó a hablar: esa está dada, así que voy a hacer birdie, luego te gano el 18 y me llevo el partido. Entonces, pegué yo mi golpe y la dejé muy cerca del hoyo, así que me volví y le dije: es esa la que está dada, no la tuya. Así fue, la mía estaba casi dada y él tenía un putt de cinco o seis metros. Lo falló y gané el partido», recuerda Jon sin poder evitar algo más que una sonrisa mientras pone en pie semejante pelea de gallos. Hay que incidir en ello, para no ver arrogancia donde no la hay. El tono del relato de Jon, por si no hubiera quedado claro en la transcripción, es desenfadado, en absoluto solemne y mucho menos antipático.

Sea como fuere, parece obvio que el bello y escarpado recorrido de The Bridges se le ajusta a Jon como un guante: «En el primer partido Phil no había jugado su mejor golf, sobre todo por los segundos nueve, y en este segundo partido yo estaba jugando aún mejor que en el primero y volví a ganarle haciendo -8, o algo así, en diecisiete hoyos». Seguía sin dar opción al mago de San Diego.

El suceso vuelve a ser revelador y sintomático: un chaval que aún no había cumplido los 20 años y que vence por segunda vez, aunque sea en un amistoso de otra espléndida mañana de otoño, al que probablemente es el segundo mejor jugador del siglo XXI, que además esta vez venía avisado y seguramente más preparado, como también lo demuestra el desarrollo del partido, cuajado de birdies.

PRIMERA INCURSIÓN 'PROFESIONAL' Y UN SERIO REVÉS

Pero el camino es largo y duro, incluso para los talentos más grandes. Poco después de aquel segundo duelo en The Bridges el español iba a debutar en un torneo profesional, el Mayakoba Classic, en Playa del Carmen, México, al que acudió con una invitación y que se disputó en noviembre de 2014, cuando él estaba en su tercer curso universitario (desde luego este chico seguía una senda distinta: su debut en un torneo profesional tuvo lugar en una cita del PGA Tour, el circuito más importante del mundo). Nadie dude que Rahm acudió a tierras mexicanas con la secreta ambición de dar la campanada, pero la cruda realidad es que fallaría el corte por tres golpes.

Allí coincidió con otros dos jugadores españoles, Gonzalo Fernández Castaño y Álvaro Quirós. El primero era entonces miembro del PGA Tour, y el segundo había recibido también una invitación. Precisamente, Jon jugó una ronda de prácticas con sus dos compatriotas. «Ya había oído hablar de Jon, por supuesto, pero era la primera vez que coincidíamos y Álvaro y yo quedamos con él para jugar en los días de práctica. Lo que me sorprendió de aquella ronda fue la seguridad en sí mismo que tenía. Por eso siempre he dicho que su mentalidad es de ganador nato y es lo que marca la diferencia con la mayoría de jugadores», apunta Fernández Castaño. Por su parte, Quirós destaca que «en la parte técnica, el recuerdo que tengo es que me pareció un jugador completo. No se le veían fisuras en ninguna parcela del juego. En aquella ronda de prácticas me dio más esa sensación: pegaba fuerte, iba recto, buenos hierros... No había nada que hiciera mal, aunque tampoco me pareció un 'diez' en algo en concreto. Pero también recuerdo que me encontré con un jugador que daba la sensación de tener mucha más experiencia de la que realmente había acumulado, pues no dejaba de ser un amateur, y eso seguramente era por la confianza que tenía en sí mismo».

PHOENIX OPEN, UNA REVANCHA MAYÚSCULA

Si aquella primera experiencia en el mundo profesional supuso un traspié para el joven de Barrika, desde luego no lo pareció. O al menos, muy poco le costó digerirlo. Una vez más iba a demostrar al mundo lo rápido y bien que aprende, porque apenas dos meses y medio después terminaba en quinta posición en el Phoenix Open, su segunda aparición en un torneo profesional como amateur. Basta con repasar hoy el top ten de aquel torneo para hacerse una mejor idea del aldabonazo en la puerta que acababa de pegar el vasco: ganó un tal Brooks Koepka, que conseguía allí su primer triunfo en el circuito americano, con un golpe de ventaja sobre Hideki Matsuyama, Bubba Watson y Ryan Palmer, con tres sobre Rahm y cuatro sobre Jordan Spieth, Zach Johnson y Brandt Snedeker, entre otros.

No es extraño que fuera allí, precisamente en tierras de Arizona, en el TPC Scottsdale, situado a unos minutos de la actual residencia de Jon, donde Edorta Rahm se cayó definitivamente del caballo. Obviamente, abrigaba serias y fundadas esperanzas de llegar a ver a su hijo ganándose bien la vida como profesional de golf, pero fue aquel quinto puesto el que le hizo ver que incluso podría competir contra los mejores en las grandes citas. «Estuve allí, en Phoenix, siguiendo todo el torneo junto a Edorta», rememora Edu Celles, «y los dos tratábamos de ser realistas y de no disparar las expectativas. A ver, como Jon hay cientos de excelentes amateurs en el mundo, nos decíamos, y lo difícil es dar el salto después, que es donde muchos se quedan por el camino. Sin embargo, cuando fueron pasando las jornadas y vimos lo que vimos... A la vuelta de aquel viaje la percepción de Edorta y la mía ya había cambiado: oye, pues parece que esto va en serio».

Mickelson, por cierto, también jugó aquel Phoenix Open, aunque no le fue muy bien y falló el corte. Pero seguro que reparó en la actuación de 'Jon sin miedo'. Y esto es sólo el principio, amigos, bien pudo musitar, sabiendo mejor que nadie de lo que hablaba.

CUMPLIR CON LOS COMPROMISOS Y LA PALABRA DADA

Precisamente aquel Phoenix Open marca un punto de inflexión relevante en la carrera de Jon Rahm, si nos atenemos sobre todo a los resultados. Antes de aquel extraordinario quinto puesto el jugador español había ganado cuatro torneos universitarios a lo largo de dos cursos y medio, y a partir de aquel momento ganaría siete torneos más en sólo curso y medio, que es lo que le quedaba para completar los cuatro años de carrera. Es más, en 2015, visto como año natural, jugó doce torneos universitarios, ganó cuatro y acabó en el top ten en diez ocasiones. Un verdadero disparate.

Analizado con la perspectiva que da el tiempo, Jon se hallaba sin duda ante una de esas líneas delgadas y volubles que separan a los buenos de los muy buenos y que, de tanto en tanto, se presentan en la vida. Por un lado, Jon lo tenía muy fácil para entender el tremendo impacto de su resultado en Phoenix, pues bastaba contrastarlo con algunos datos muy a mano: él había estado luchando por el triunfo con una naturalidad sorprendente, dada su edad y condición amateur, en un torneo donde se había dado cita casi la mitad del top 20 mundial de entonces, con tres top 10 en el 'field' —Bubba, Spieth y Kuchar—, casi la mitad del top 50 —estaban allí veinte de los cincuenta mejores del mundo— y, asimismo, casi la mitad del top 100 —estaban 46 de los cien mejores del mundo en aquel momento—.

Por otro lado, de nuevo había que ver cómo asimilaba el éxito y la presión extrema que las nuevas expectativas iban a provocar sin remedio. No es una cuestión menor. Muchas son las grandes promesas capaces de mostrar su mejor versión cuando están fuera del radar y que, a continuación, una vez dentro de él, no consiguen manejar la presión del nuevo estatus y necesitan un tiempo de readaptación o, incluso, nunca llegan a superar el trance. El salto había sido abrupto, brutal: en apenas cuatro días, los que dura un torneo, Jon había dejado de ser 'sólo' un gran jugador universitario para convertirse en un fenómeno que había sido capaz de plantar cara y superar a la mitad del top 100 mundial. Pues bien, la respuesta del vasco al envite de la presión exterior fue contundente, dejando muy claro en qué lado de la línea delgada y voluble se situaba él...

Sólo tres días después de acabar el Phoenix Open ya estaba jugando con Arizona State un torneo en Hawái, el Amer Ari Invitational, donde se situaba líder después de la primera ronda tras firmar un 65, aunque acabaría en octava posición. Aquella semana, además, se produjo un episodio que habla por sí solo de la rectitud de intención del español y de cómo supo atornillar los pies al suelo tras el éxito en Phoenix. Si hubo algún canto de sirena, él supo acallarlo sin contemplaciones, tal y como rememora Tim Mickelson. «El momento en que confirmé que Jon era alguien especial fue cuando terminó quinto en el Waste Management de Phoenix cuando era estudiante de tercer año en la universidad, pero no fue solo el hecho de que terminara quinto, fue más bien por algo que ocurrió al día siguiente. Voló en avión a Hawái para jugar con el equipo de la universidad, me miró y dijo: entrenador, prometo quedarme cuatro años, no tienes que preocuparte de que me vaya a ir antes de acabar. Para mí fue un gran momento. Jon ya sabía en ese instante que era lo suficientemente bueno como para jugar en el Tour, pero en aquella conversación se refirió a dos cuestiones. Por un lado, se refirió a su compromiso con Arizona State por cuatro años y me dijo que iba a honrarlo y a jugar todo ese tiempo con la universidad. Por otro lado, me recordó que él le había prometido a su padre que se iba a graduar. En aquel momento pensé que no sólo tenía un aura muy especial como jugador, sino que también era un hombre de palabra, con mucha integridad».

Acto seguido iba a cerrar sendos segundos puestos en los dos siguientes torneos y a continuación dos triunfos, luego un tercer puesto, un sexto y una nueva victoria, todo ello en un reducido plazo de tres meses y medio tras la campanada de Phoenix. Visto de otro modo: inmediatamente después de presentarse al mundo en el TPC Scottsdale con aquel quinto puesto, luchó por el triunfo en todas y cada una de las siguientes ocho pruebas universitarias, obteniendo tres victorias, dos segundos puestos y un tercero, o lo que es lo mismo, seis top 3 en ocho intentos.

Quedaba meridianamente claro que era muy capaz de meter las expectativas en la licuadora y hacer de ellas un zumo sabroso y energético con el que desayunar cada mañana. Todo un prodigio.

UNA INVITACIÓN MUY ESPECIAL: EL TERCER DUELO CON PHIL

En octubre de 2015 Jon conseguiría su cuarto triunfo universitario del año, a los que inmediatamente se sumarían otros tres más entre abril y mayo de 2016, poco antes de pasarse a profesional —lo hizo en junio de 2016—, para completar una espléndida hoja de servicios de once victorias en su periplo de cuatro cursos con Arizona State. Y fue en este brillante y prometedor hito de su trayectoria donde el de Barrika recibió una invitación muy especial: Phil Mickelson lo citaba para jugar un último duelo amistoso antes de que se hiciera profesional. Es importante enfatizar esta circunstancia, puesto que los dos partidos anteriores habían sido organizados por 'agentes' muy cercanos, pero externos al fin y al cabo (Ricardo Relinque, Dave Phillips, el propio Tim Mickelson...), mientras que en esta ocasión era Phil en persona quien tomaba la iniciativa e invitaba a Jon a jugar en el Whisper Rock Golf Club de Arizona, un campo que además el español conocía bien, puesto que está cerca de la universidad, quince kilómetros al norte del TPC Scottsdale, donde se disputa el Phoenix Open.

Se daba, además, una curiosa circunstancia, puesto que el Whisper Rock Golf Club dispone de dos recorridos de 18 hoyos, el Lower y el Upper, y el Lower, que además fue el primero en construirse, es el primer diseño de Phil Mickelson, en colaboración con Gary Stephenson, y fue también precisamente donde se jugó este tercer 'amistoso'. El Upper es un diseño posterior de Tom Fazio y el Lower de Whisper Rock, el que leva la firma de Phil, destaca por ser un recorrido en el que los segundos tiros cobran especial relevancia, entre otras cosas porque los diseñadores buscaron la variedad, o dicho de otro modo, que nunca un segundo disparo en aquel campo fuera siquiera parecido al anterior. ¿Disponía de alguna ventaja Phil por jugar en su campo? Es posible, pero también es cierto que a la hora de la verdad de poco sirve el conocimiento exhaustivo del terreno si el juego no acompaña lo suficiente y, además, ya ha quedado dicho que Jon también conocía bien el campo, puesto que los miembros del equipo de Arizona State iban allí a entrenar con cierta asiduidad.

A LA TERCERA TAMPOCO VA LA VENCIDA

Quizá pensara Mickelson que a la tercera debía ir la vencida. No podía ser, aunque fuera por pura estadística, que también perdiera el tercer duelo contra aquel amateur respondón, ni siquiera siendo ya, en realidad, un proyecto hecho y derecho de profesional de élite. No en vano, pocas semanas después de aquel encuentro, Jon terminaba en tercera posición en su primera cita como profesional, el Quicken Loans National, torneo del PGA Tour, donde había sido líder tras la primera y segunda jornadas.

Para comprender mejor lo que allí paso, y como quiera que de aquel tercer duelo en Whisper Rock no se conservan imágenes en vídeo, ayuda sobremanera trasladarse a la última ronda de la Final de Dubai 2019, torneo que Jon ganó, terminando así como número uno del ranking europeo de ese año, 28 años después de que lo hiciera Severiano Ballesteros, único y último jugador español en conseguir tal logro. Situados ya en el Jumeirah Golf Estates de Dubai hay que fijarse en lo que ocurrió en los primeros siete hoyos de aquella última ronda, tramo en el que el vasco se puso cinco menos. Recordémoslo por encima: Rahm embocó un putt de birdie en el hoyo 1 desde unos siete metros; luego otro en el hoyo 5 desde unos quince metros y cuesta abajo; acto seguido, en el hoyo 6, enchufaba otro desde unos diez metros; y cerraba la rutilante serie con uno más en el hoyo 7 desde cinco metros.

Pues bien, más o menos fue esta la versión aniquiladora que Mickelson se encontró aquella primavera de 2016 en tierras de Arizona. Pero con una diferencia sustancial: en Dubai, como por otro lado parece razonable y lógico, Jon no pudo mantener semejante nivel en los greenes durante toda la vuelta, mientras que en Whisper Rock sí lo hizo. Así, liquidaba el partido en el green del hoyo 15 con un parcial de -9. Insufrible. Inabordable.

«En aquel partido le di por todos los lados», recuerda casi con jolgorio el de Barrika. «Fue increíble porque si no metí todos los putts que tiré, me faltó muy poco. Iban entrando uno detrás de otro». Para desgracia de Mickelson, además, el partido fue seguido durante unos hoyos por Gary McCord, profesional de golf e irreverente comentarista de la cadena de televisión CBS durante más de tres décadas —en 2020 han prescindido de sus servicios—, que vive en Arizona y es un habitual en Whisper Rock, lugar donde por cierto se dan cita muchos profesionales de golf de alto nivel. Sí, para desgracia de Phil, McCord fue testigo, porque la noticia de la paliza corrió como la pólvora por el club...

«Incluso había gente viéndolo y estaba también Gary McCord, que nos siguió unos cuantos hoyos. No es de los que se callan nada y se encargó de contarle a todo el mundo después cómo iban las cosas... En el hoyo 11 metí un putt de eagle de unos diez metros, pero es que en el 12 metí otro todavía más largo, desde unos doce o trece metros. En el 13 Phil hizo birdie y yo no, y ya estaba hablando otra vez en el siguiente tee, el del 14... Yo iba dos arriba, pero él empezó a diseñar el plan para remontar el partido y todo eso. Lo que pasa es que yo hice birdies en los hoyos 14 y 15 y ahí se terminó».

Ante aquel despliegue poco había que hacer y a Phil Mickelson no le quedó más remedio que rendirse a la evidencia. Era obvio que Jon era un buen jugador, capaz de hacer muy pocas, pero aún lo era más que el joven español parecía motivarse especialmente ante el reto de su presencia. Después de aquel 4 y 3 con el que Jon cerró sin contemplaciones el duelo esta vez sí hubo mesa, mantel, comida y sobremesa. Y lo que el joven vasco escuchó allí no lo olvidará jamás en su vida.

LA PROFECÍA DE PHIL

Seguro que hablaron de mil temas, pero sobre todo de golf, porque ambos, Phil y Jon, podrían estar horas haciéndolo cada día. Es muy probable, por ejemplo, que repasaran la cuenta atrás que tenía por delante el español antes de hacerse profesional, pues ya había planeado hacerlo justo después del US Open de aquel año, que tenía derecho a jugar aún como amateur por haber acabado el año anterior número uno del mundo de su ranking, el aficionado. Y se puede dar por hecho que Phil ultimaría alguna lista de consejos enfocados a la jungla profesional. Más que consejos, advertencias que tuvieran que ver con la intendencia y las 'faenas' domésticas propias de un gran circuito. Incluso, conociendo el paño, hasta es posible que Jon expresara muy serio su intención de obtener en apenas unos meses los derechos de juego del PGA Tour, exprimiendo las invitaciones que iba a tener. Al respecto, cabe recordar que, en efecto, Rahm obtuvo la carta del PGA Tour en apenas dos meses tras acabar tercero en el Quicken Loans, su primer torneo como profesional, y luego firmar un segundo puesto en el Canadian Open, entre otros resultados.

A lo mejor Mickelson, quién sabe, hasta repasó allí los Grandes que aún tenía por delante aquella temporada, después de haber fallado el corte en el Masters semanas atrás, todo un fiasco para un tres veces ganador de la chaqueta verde, y sin siquiera sospechar lo que estaba por venir meses después en Royal Troon, donde él y Henrik Stenson iban a protagonizar en la última ronda del Open Championship una actuación memorable, única en la historia, en la que al estadounidense no le valió con firmar un 65 para ganar, frente a aquel salvaje 63 que el sueco se sacó de la manga.

Por supuesto, está más que garantizado que durante aquella comida aún se hablara y discutiera acerca del duelo que acababan de librar y no hay que descartar que Jon deslizara alguna guasa, que para eso se había hecho un -9 en quince hoyos. Pero, en fin, se hablara de lo que se hablara, Jon sólo tiene grabado en la memoria un pasaje muy concreto. Como para no tenerlo.

«Allí me dijo por primera vez que me veía como uno de los diez mejores jugadores del mundo, siendo todavía amateur. Me dejó impresionado, porque no te lo está diciendo cualquiera, sino Phil Mickelson, que algo tiene que saber de esto, aunque a mí esas cosas, más que asustarme o meterme presión, me llenan de orgullo y me dan confianza. O sea, es que me dijo: a día de hoy, tal y como juegas al golf, ya eres uno de los diez mejores. Es un honor que alguien como él te diga eso después de invitarte a jugar».

No fue lo único que le dijo. A Phil, por ejemplo, le había llamado mucho la atención algo que su hermano Tim ya le había contado y se refirió a ello en aquella conversación. Durante la última vuelta de algún torneo universitario se daba la circunstancia de que Tim y Jon se veían en el campo y el jugador español le preguntaba cómo iban las cosas y, sobre todo, qué necesitaba el equipo de él para ganar o conseguir cualquier otro objetivo, siendo capaz, en más de una ocasión, de sumar los birdies que hicieran falta. «A mí me encantaba hacer eso con Tim. A lo mejor me decía que hacían falta dos birdies en los cuatro o cinco hoyos que me quedaban y a mí eso me motivaba y muchas veces los hacía. Entonces, refiriéndose a aquello, Phil me dijo que poca gente tiene esa capacidad mental de decir algo así en un campo de golf y, además, cumplirlo, y también que esa capacidad me podía llevar muy lejos», recuerda el de Barrika.

Los piropos no fueron el único ingrediente sorpresa de aquella sobremesa. Lefty estaba dispuesto a llegar un poco más lejos. En la reunión había más gente, porque, como ya se ha apuntado, Whisper Rock es entre otras cosas un lugar de encuentro habitual de profesionales del máximo nivel, que acuden allí a entrenarse, así que lanzó un reto alto y claro. Más que una apuesta, aquello parecía una profecía: «Phil dijo allí que estaría dispuesto a apostar a favor de que yo, desde aquel mismo día y en el plazo de dos años exactos, estaría dentro del top ten mundial». Colt Knost, sin ir más lejos, jugador del PGA Tour, aceptó el reto...

Y es muy sencillo consultar qué pasó y quién se llevó el gato al agua, porque el 28 de mayo de 2017, un año y apenas unos días después de lanzar la profecía a los cuatro vientos, Jon Rahm, que todavía no había cumplido ni siquiera un año como profesional, ingresaba por primera vez en el top ten mundial después de acabar en segunda posición en el Dean&Deluca Invitational, en el Colonial Country Club. Desde entonces, por cierto, y hasta la edición de este libro, el español no bajaría del undécimo puesto en el ranking mundial y apenas iba a estar unas pocas semanas fuera del top ten.

NOTA: Jon Rahm jugó durante cuatro años en Arizona State University. En este tiempo se cruzó con cientos y cientos de jugadores que compartían su mismo sueño: llegar algún día al PGA Tour y triunfar en el golf profesional. Quizá resulte interesante sacar los nombres de todos los jugadores que alguna vez acabaron en el top ten en los torneos que disputó Jon durante su etapa universitaria.
El objetivo de esta procelosa tarea no es otro que demostrar la enorme dificultad que supone llegar a la élite aún siendo uno de los mejores universitarios de tu época. En sus cuatro temporadas en ASU, Rahm disputó 56 torneos, en los que 287 jugadores diferentes lograron acabar al menos en una ocasión entre los diez mejores. De todos ellos, en el momento

de editar esta obra, sólo trece habían conseguido ganar en el PGA Tour, o lo que es lo mismo, menos de un cinco por ciento del total: Rahm, CT Pan, Xander Schauffele, Aaron Wise, Max Homa, Michael Kim, Bryson DeChambeau, Collin Morikawa, Corey Conners, Coddy Gribble, Daniel Berger, Smylie Kaufman y Cameron Champ.
Y este es el listado de jugadores que acabaron en el top ten de los torneos universitarios en los que participó Jon Rahm durante sus cuatro años como Sun Devil en Arizona State University (entre paréntesis el número total de top ten). Algunos han llegado a buen puerto en el mundo del golf, otros andan todavía trabajándose su futuro en la élite de este deporte, porque el 'tempo' no es el mismo para todos, y también habrá los que sencillamente orientaron sus vidas hacia otro lugar:

Jon Rahm (35)
Max Rotluff (22)
CT Pan (11)
Rico Hoey (11)
Maverick McNealy (11)
Xander Schauffele (10)
Grant Forrest (10)
Trevor Simsby (9)
Frederick Wedel (9)
Cameron Wilson (9)
Jonathan Garrick (8)
Corey Pereira (8)
Ryan Ree (8)
Aaron Wise (8)
Joel Stalter (7)
Patrick Rodgers (7)
Beau Hossler (7)
Jared du Toit (7)
Max Homa (6)
Michael Kim (6)
Brandon Hagy (6)
Jordan Niebrugge (6)
Sean Crocker (6)
K.K. Limbhasut (6)
Julien Brun (5)
Ricardo Michelini (5)
Lorens Chan (5)

Mark Anguiano (4)
Pontus Widegren (4)
Pedro Figueiredo (4)
Scott Fernández (4)
Ollie Schniederjans (4)
Alberto Sánchez (4)
Jonah Teixeira (4)
Bryson DeChambeau (3)
Victor Perez (3)
Sebastian Cappelen (3)
Chris Williams (3)
Sang Lee (3)
Tom Berry (3)
David Boote (3)
Yikeun Chang (3)
Jeffrey Kang (3)
David Fink (3)
Jonathan Sanders (3)
Anthony Paolucci (3)
Kurt Kitayama (3)
Lee McCoy (3)
Joe Parkinson (3)
Alex Franklin (3)
Gavin Green (3)
Jeremy Paul (3)
Wyndham Clark (3)
Denny McCarthy (3)
Robby Shelton (3)
Zach Foushee (3)
Sebastian Crampton (3)
Nicolo Galletti (3)
Scottie Scheffler (3)
Hannes Ronneblad (3)
Charlie Danielson (3)
Thomas Detry (3)
Claudio Correa (3)
Nahum Mendoza III (3)
Michael Weaver (2)
Nick Chianello (2)
Sulman Raza (2)

Hank Frame (2)
Zachary Blair (2)
Justin Estrada (2)
Corey Gard (2)
Linus Vaisanen (2)
Mathias Dahl (2)
Eli Cole (2)
Chase Marinell (2)
Dominic Bozzelli (2)
Brandon Stone (2)
Anders Albertson (2)
Jeremy Sanders (2)
Robin Sciot-Siegrist (2)
Kevin Penner (2)
Anton Arboleda (2)
Greg Eason (2)
Talor Gooch (2)
Paul Smith (2)
Alex Chiarella (2)
Kyler Sauer (2)
Frank Garber (2)
Austin Quick (2)
Benjamin Taylor (2)
Toni Hakula (2)
Alex McMahon (2)
Kevin DeHuff (2)
Martin Simonsen (2)
Cody Blick (2)
Bobby Gojuangco (2)
Luke Vivolo (2)
Derek Bayley (2)
Blake Morris (2)
Adrien Meronk (2)
Martin Eriksson (2)
Byron Meth (2)
Brandon McIver (2)
Kris Ventura (2)
Austin Smotherman (2)
Nick Voke (2)
Gavin Hall (2)

Max McGreevy (2)
Doug Ghim (2)
Nick Hardy (2)
Roy Cootes (2)
Collin Morikawa (2)
Paul Barjon (2)
Shotaro Ban (2)
Cameron Shaw (2)
Justin Suh (2)
Franklin Huang (2)
Ryan Burguess (1)
Taylor Moore (1)
Harry Higgs (1)
Corey Conners (1)
Greg Yates (1)
Rak Cho (1)
Mac McClung (1)
Gentry Hicks (1)
Ben Geyer (1)
Nick Sherwood (1)
Taylor Travis (1)
Seb Crookall-Nixon (1)
Robbie Ziegler (1)
Rufie Fessler (1)
Louis Cohen Boyer (1)
Travis Russell (1)
Jake Holt (1)
James Erkenbeck (1)
Peder Hermansson (1)
Coddy Gribble (1)
Steven Kearney (1)
Cody Blickensderfer (1)
Jordan Hammer (1)
Sam Smith (1)
Mathieu Fenasse (1)
Glen Scher (1)
Justin Keiley (1)
Austin Kaiser (1)
Pontus Gad (1)
Kenneth Fadke (1)

Juan Pablo Hernández (1)
James Yoon (1)
Jay Hwang (1)
Ricardo Gouveia (1)
Johannes Veerman (1)
Dustin Korte (1)
Trey Ka'ahanui (1)
Bill Kennerly (1)
Brandon Dalinka (1)
Daniel Berger (1)
Rick Lamb (1)
Ian Davis (1)
Tyler Dunlap (1)
Finley Ewing (1)
Andrew Yun (1)
Michael Anderson (1)
Taylor Schmidt (1)
Andrej Bevins (1)
Zane Thomas (1)
Eik Oja (1)
Pace Johnson (1)
Matt Hansen (1)
Alex Gangert (1)
Carlos Briones (1)
Daniel Chain (1)
Skye Inakoshi (1)
Jordan Epstein (1)
Nick Booth (1)
Connor Campbell (1)
Kyle Cornett (1)
Robert Geibel (1)
Chad Ramey (1)
Brett Patterson (1)
Joe Sakulpolphaisan (1)
Kyle Jones (1)
Ryan Tetrault (1)
Emil Lijeroth (1)
Thomas Lim (1)
Jake Mondy (1)
Chris Babcock (1)

Chelson Barrett (1)
Gerritt Chambers (1)
Curtis Thompson (1)
Jim Liu (1)
Michael Schoolcraft (1)
Carl Jonson (1)
Brian Bullington (1)
Steven Ihm (1)
Matt Mabrey (1)
Preston Valder (1)
Jake Knapp (1)
Pete Fernandez (1)
Ricky De Santis (1)
Blake Snyder (1)
Eric Sugimoto (1)
Emilio Cuartero (1)
Hunter Kraus (1)
Kolton Crawford (1)
Nicolás Echavarría (1)
Smylie Kaufman (1)
James Ross (1)
Seth Reeves (1)
Brian Campbell (1)
Ryan Zech (1)
Jonathan Thomas (1)
Ty Travis (1)
Tyler Collier (1)
Jonathan de los Reyes (1)
Keelan Kilpatrick (1)
Nicolas Noya (1)
Yannick Paul (1)
Gio Gandionco (1)
Tyler Kertson (1)
Justin de los Santos (1)
Seokwon Jeon (1)
Michael Hines (1)
Robert MacIntyre (1)
Ben Doyle (1)
Sean Romero (1)
Jere Pelletier (1)

Jordan Rodgers (1)
Matt Gilchrest (1)
Myles Lewis (1)
Eric Ricard (1)
Clement Sordet (1)
Brandon Pierce (1)
Cormac Sharvin (1)
Kramer Hickok (1)
Grant Hirschman (1)
Charlie Saxon (1)
James Fahy (1)
Sam Gillis (1)
Andreas Gjesteby (1)
Ki Taek Lee (1)
Viraat Badhwar (1)
George Cunningham (1)
Broc Johnson (1)
Michael Gellerman (1)
Gudmundur Kristjansson (1)
Perry Cohen (1)
Mookie de Moss (1)
Grant Bennett (1)
Hunter Stewart (1)
Paul Dunne (1)
Andrew Pressley (1)
Riley Davenport (1)
Jack Maguire (1)
Davis Riley (1)
Harry Hall (1)
Bennett Baker (1)
Adri Arnaus (1)
Grant Smith (1)
Chase Koepka (1)
Ben Crancer (1)
Trevor Robin (1)
Kyle Mueller (1)
Trevor Clayton (1)
Patrick Soil (1)
Chris O'Neil (1)
Will Gordon (1)

Dylan Meyer (1)
Taylor Hancock (1)
Corey Shaw (1)
Zachary Olsen (1)
Conner Kumpula (1)
Vince Whaley (1)
Zach Wright (1)
Brandon Pierce (1)
Max Greyserman (1)
Craig Howie (1)
Alex Smalley (1)
Sam Horsfield (1)
Shintaro Ban (1)
Wes Artac (1)
Iván Ramírez (1)
Luke Kwon (1)
Sam Kim (1)
Dylan Healey (1)
Taylor Funk (1)
Denzel Iremia (1)
Matthew Walker (1)
James Cheatham (1)
Andrew Lewitt (1)
Jordan Gumberg (1)
Peter Kim (1)
Cameron Champ (1)
Ryan Brooks (1)
Gunn Yang (1)
Mathias Schwab (1)
Antoine Rozner (1)

Capítulo cuarto: Nos vemos en el Tee del 1 del Augusta National

Si no había podido ser en la etapa de amateur, tendría que ser en la de profesional, pero Phil Mickelson no se iba a rendir así como así. Necesitaba poner las cosas en su sitio en sus enfrentamientos amistosos con Jon Rahm. En este sentido cabe matizar un aspecto obvio, aunque no por ello deba dejarse a un lado: estos duelos habían significado mucho más para el joven aspirante que para la leyenda consagrada. Es ley de vida y tiene que ser así: Jon apenas pudo dormir durante la noche previa al primer gran cara a cara y recuerda aquel partido casi paso a paso; para Phil, sin embargo, no dejaba de ser una jornada amena de trabajo en la que, es cierto, tuvo que regresar escocido a casa, porque ya ha quedado suficientemente bien explicado que a este tipo de animales competitivos no les gusta perder ni una partida de dardos en el bar de la esquina.

Como escenario de una revancha gozosa, ningún lugar mejor para el de San Diego que el Augusta National. Hubo que esperar por tanto al Masters de 2017, el primero que Jon iba a jugar. El español se había ganado su plaza de la manera más 'natural' para él: subiendo de dos en dos los peldaños en la escalera de la progresión y la adaptación. A finales de 2016, en tan sólo seis meses largos como profesional, ya se había situado a las puertas del top 100 mundial, pero es que 2017 lo arrancaba con su primer triunfo en el PGA Tour (Farmers Insurance, en Torrey Pines, una de las guaridas preferidas de Tiger), también el primero de su carrera profesional, éxito que lo llevó al top 50 del mundo y lo metió de cabeza en el Masters de Augusta.

El acontecimiento fue convenientemente celebrado y valorado por Jon y su familia, tratando de cuidar todos los detalles, porque sobra decir que el jugador no pensaba ir allí de paseo. De este modo, alquilaron dos casas para aquella semana. En una se alojaría Jon con su equipo y en la otra la familia y un nutrido grupo de amigos. Al respecto hay que señalar que Jon no pasó mucho tiempo en la otra casa, más festiva, circunstancia que por otro lado es costumbre en el jugador. Cuando arranca una semana de competición pocas son las distracciones que admite Jon Rahm. «Cuando coincidimos en un torneo tratamos de interferir lo menos posible en su día a día. Incluso, aunque compartamos la misma casa o nos alojemos en el mismo hotel, nosotros tratamos de ir a nuestro aire y él al suyo, más pendiente de sus rutinas de trabajo y del torneo. Aquella semana, la primera en Augusta, la cogimos todos con muchas ganas, porque al fin y al cabo vas a conocer uno de los campos más legendarios. Jon se pasó en algún momento por nuestra casa, supongo que algún día cenamos juntos y cosas así, pero no mucho más», señala Edorta.

Por supuesto, no era una semana como otra cualquiera. El aura del Augusta National y las particularidades diversas de este torneo, provocaron cierto nerviosismo en el joven español, que todavía no tenía experiencia en la cita, tal y como señala su madre. «Él todavía no sabía moverse en el Augusta National: qué era correcto hacer y qué era incorrecto. Y a él ese tipo de cosas lo descolocan un poco. En eso ha salido un poco más a mí, que le damos muchas vueltas a las cosas, demasiadas, cuando no estamos seguros de algo o surge algún problema. No quería meter la pata en nada y tampoco quería que los demás metiéramos la pata, así que estaba un poco preocupado».

No, el Augusta National no es un lugar cualquiera ni un torneo al uso. Tiene sus propias reglas y allí se llevan muy a gala. Nada ni nadie está por encima del evento, del campo o del club. Son múltiples y variadas las particularidades. Por ejemplo, en las vueltas de práctica sólo están acreditados para ir por dentro de las cuerdas los jugadores y sus caddies; ni entrenadores, familiares, amigos o agentes. Tampoco los periodistas pueden ir por dentro de las cuerdas, ni siquiera los fotógrafos, que tienen asignadas unas zonas concretas en las que apostarse. Por no hablar del obligatorio uniforme que deben llevar los caddies, el ya legendario mono blanco. No se permite a los aficionados —'patrons', como allí son denominados— entrar al campo con móviles u ordenadores en las jornadas de competición y además deben guardar otras normas de etiqueta insoslayables, como por ejemplo la de no correr, ni siquiera trotar, en el campo mientras se sigue el juego. Asimismo, si quieren sentarse sólo podrán hacerlo con las sillas del Augusta National, no pueden llevar otros artilugios, y deben saber que el 'merchandising' del club y del torneo sólo puede adquirirse allí, no hay venta 'online' ni de ninguna otra clase fuera del recinto.

En este pequeño universo de reglas, los perfiles campechanos como el de Jon no terminan de encontrarse a gusto, al menos hasta que aprenden a manejarse con soltura, como desde luego ya es el caso, pues el jugador español siente a día de hoy casi devoción por el torneo, entre otras cosas también por lo que significa para el golf español.

LA REVANCHA DE PHIL

Una vez instalados allí, sin que en realidad le costara demasiado al grupo asimilar a marchas forzadas el manual del buen invitado en el Augusta National, Phil y Jon volvieron a citarse en la jornada de prácticas del martes —el lunes apenas se pudo jugar por culpa de la lluvia—. No hace falta señalar que Jon había encontrado en Phil a un cicerone de primer nivel en su primera experiencia en el legendario coloso de Georgia. No siempre tiene uno la oportunidad de obtener información de primera mano de un jugador que se ha enfundado tres veces la chaqueta verde. Además, como no podía ser de otra manera, también recibiría los puntuales consejos de José María Olazábal, ganador allí en 1994 y 1999.

Al final, no obstante, este asunto de la información, los consejos y las advertencias hay que gestionarlo con el filtro adecuado, ya que incluso puede provocar un bloqueo en el novato, justo el efecto contrario de lo que se busca. Años antes, por ejemplo, ya le había ocurrido a otro jugador español, Álvaro Quirós, en la edición de su debut en el Masters (2009). «Cuando llegó el momento de competir, estaba tan pendiente de todo lo que me habían dicho, que no fui capaz de soltarme y de jugar los golpes como yo los veía. Pensaba más en los peligros que tenía que evitar y en los sitios a los que no tenía que ir y así es muy complicado rendir», explicaba en su momento Quirós, que firmaría un 78 en su primera ronda oficial en el Augusta National —dos años más tarde se desquitaría, abriendo el torneo con un 65—. «Yo soy un jugador muy de sensaciones y cuando tengo un exceso de información no sé muy bien qué hacer con ella», añade Rahm, quien en todo caso supo manejarse con soltura en aquella edición de su debut: después de la segunda jornada iba en sexta posición, a sólo tres golpes de la cabeza, y finalizaría en el puesto 27º, justo después de acabar el torneo con un triple bogey en el hoyo 18 del domingo, accidente que le hizo perder más de diez posiciones en el mismísimo hoyo 72.

Retomamos la acción. En la mañana del martes 4 de abril de 2017, Phil y Jon se veían las caras en el tee del 1 del Augusta National y esta vez el zurdo californiano aspiraba a dejar las cosas muy claras desde el principio. Y tanto que fue así: antes de cumplirse el primer tercio del mítico recorrido de Bobby Jones y Alister MacKenzie, el partido tenía un solo color, y no precisamente porque Jon Rahm diera muchas facilidades: después de los primeros cuatro hoyos marchaba con un parcial de -1, un registro que no está nada mal en el Augusta National, y sin embargo se había puesto ya tres abajo antes un Mickelson absolutamente inabordable. ¿Cómo podía ser eso?

«En aquel partido me pegó él a mí por todos los lados, sobre todo al principio: me venían las bofetadas una detrás de otra y yo ni siquiera veía por dónde. Hay que ver cómo empezó Phil para creerlo: hizo birdie en el hoyo 1, de nuevo birdie en el hoyo 2, el primer par 5, después hizo eagle en el hoyo 3... Sí, sí, hizo eagle allí, el par 4 corto, embocándola desde unos cincuenta metros, y para colmo de nuevo hizo birdie en el hoyo 4. Iba -5 en los primeros cuatro hoyos... Yo había empezado con par en el 1, birdie en el 2, par en el 3 y otro par en el cuatro. Un comienzo que no es de lo peor en ese campo, y mucho menos si tenemos en cuenta que era la primera vez que yo jugaba el Augusta National con la preparación del campo más o menos similar a la que luego te encuentras en el torneo. Lo había jugado antes, pero entonces estaba algo más lento. Vamos, que yo casi firmaría para siempre ir -1 después de los cuatro primeros hoyos, pero es que lo de Mickelson estaba siendo una locura. Luego hice bogey en el 5 y ya iba cuatro abajo en los primeros cinco hoyos».

A partir de aquel momento las fuerzas se igualarían, pero el español ya no iba a encontrar la manera de acercarse en el marcador. O no lo suficiente. «Cuando nos subimos al tee del 15 yo iba tres abajo. Aguanté el tirón por los primeros nueve y luego intenté remontar por los segundos nueve, pero no hubo manera. Él, además, hizo birdie en el 15 y yo no, así que ahí me ganó el partido. Creo que él iba siete menos en quince hoyos», recuerda el vasco, que de todos modos no iba a dar su brazo a torcer mientras quedara la más mínima posibilidad: «Después me quedó el buen sabor de boca de llevarme la revancha, porque le gané el segundo partido del día en los tres hoyos que quedaban, así que algo es algo y me quedo con eso», remata divertido.

TESTIGO DE LA VICTORIA DE SERGIO

Aquel Masters, su primer Masters, se iba a resolver con la victoria de Sergio García, otro hito de enorme importancia en la historia del golf español: «Me emocioné mucho cuando lo ganó Sergio. Era su primer Grande y seguramente él ya merecía tener algunos más. Sergio hizo historia y para mí fue muy importante ser testigo de aquello, formar parte ya del mundo del golf cuando lo consiguió».

Y, asumiendo el riesgo de forzar demasiado la carambola cósmica, se hace imposible evitar la tentación de relacionar dos hechos en este relato. Por un lado, cuando Jon nació (10 de noviembre de 1994) el vigente campeón del Masters era un español, José María Olazábal, que justo siete meses antes (10 de abril de

1994) se había enfundado su primera chaqueta verde; por otro lado, cuando el propio Jon disputó por primera vez el torneo, otro español, Sergio García, cantaba victoria. En realidad, estos sucesos memorables no hacen otra cosa que recordarnos el impacto que el Masters ha tenido en el golf español y, a la inversa, el que ha tenido el golf español en el Masters, puesto que España es el país con más triunfos en este torneo (5), igualada con Sudáfrica y, por supuesto, ambos por detrás del inalcanzable potencial de Estados Unidos (61): sólo la suma de triunfos de dos mitos como Jack Nicklaus (6) y Tiger Woods (5) superan a la de los españoles y sudafricanos juntos.

Rahm no fue el mejor debutante en aquella edición de 2017, pues se le colaron por delante un impresionante Thomas Pieters, que también se estrenaba y terminaba en cuarta posición, así como el estadounidense William McGirt, que finalizaría en el puesto 22º. Como detalle anecdótico también puede añadirse que aquel triple bogey en el hoyo 72 impidió al de Barrika superar en la clasificación a Phil Mickelson (22º). Sin embargo, aquella primera prueba fue más que satisfactoria, pues Jon había demostrado que era capaz de hacer muy buenos números en el legendario escenario. En las dos ediciones siguientes ratificaría esta idea, luchando incluso por el triunfo en la jornada final de 2018, cuando acababa en cuarta posición, a cuatro golpes del ganador, Patrick Reed, y siendo protagonista también en 2019, año en el que finalizaba en novena posición, a tres golpes del vencedor, Tiger Woods.

Damos por cerrada en este punto la segunda parte de esta obra, en la que se ha significado la distintiva y sugerente relación que Jon Rahm mantuvo antes de su definitiva eclosión con uno de los grandes de la historia del deporte de los catorce palos, Phil Mickelson, recorriendo además, hacia adelante y hacia atrás en el tiempo, algunos episodios interesantes de su incipiente vida y carrera. Seguramente no haya mejor modo de poner el broche final que con el afilado testimonio que el propio Mickelson ha realizado al respecto de todo lo que aquí se ha contado:

«La primera vez que oí hablar de Jon Rahm a mi hermano Tim fue cuando él vino a Arizona State. Tiempo después, en su último año universitario, yo sabía que él era ya uno de los diez mejores jugadores del mundo. Desde entonces siempre he 'fanfarroneado' con otros sobre el talento de Jon. Acerca de los partidos que jugamos en su etapa universitaria recuerdo bien que él nunca me dio ninguna opción. La verdad es que es capaz de hacer cosas en el campo de golf que muy pocos jugadores pueden hacer. Luego, en aquella ronda de prácticas en Augusta... Bueno, tengo que decir que Jon lo tiene todo para jugar muy bien allí: pega largo, tiene control con los hierros y chipea y patea como sólo los mejores jugadores son capaces de hacerlo, pero el Augusta National demanda más experiencia para poder dar lo mejor que uno tiene, así que estoy contento de haber 'cogido' a Jon en aquel momento, tan pronto en su carrera. Fue divertido. En general, lo único que Jon necesita es tiempo y experiencia. En mi mente veo a Jon ganando varios Grandes, pero creo que el año 2020 será en el que gane oficialmente el primero de ellos».

Hasta la fecha, la profecía de Phil respecto a Jon se ha cumplido. Sólo el tiempo dirá si mantiene el mismo porcentaje de acierto, pero por si acaso será mejor no apostar en contra de su vaticinio.

TERCERA PARTE:
DE PHIL **A TIGER**

Capítulo primero: Tambores de Ryder

El 2017 confirmaba que Jon Rahm no era moda de una sola estación. Como ya ha quedado escrito, fue en aquel año cuando obtuvo su primer triunfo en el PGA Tour (Farmers Insurance en Torrey Pines), pero es que también estrenó su palmarés victorioso en el European Tour (Open de Irlanda), además de disputar y perder la final del campeonato del mundo match play ante Dustin Johnson y ganar la Final de Dubai del circuito europeo, resultados que, entre otros, lo llevaron hasta el número cuatro del mundo a 31 de diciembre.

Después de haber dado el gran salto al mundo profesional sin mella alguna en el rendimiento, después de haberse estrenado ya en todas las citas cardinales del calendario mundial (Grandes y campeonatos del mundo), iba a ser precisamente en 2017, a finales del mes de agosto para ser más exactos, cuando se presentara un nuevo reto en la carrera del español. Empezaba el año de clasificación para el equipo europeo de la Ryder 2018, la competición que al fin y a la postre iba a cerrar una primera gran etapa en su carrera profesional de un modo más o menos azaroso, tras resultar emparejado con Tiger Woods en los individuales del domingo.

Casi no hace falta señalar que en agosto/septiembre de 2017, una vez conquistado ya el top ten mundial, Rahm asumía con absoluta naturalidad el objetivo de estrenarse en la Ryder Cup al año siguiente. Quizá en otros países del Viejo Continente, fuera del Reino Unido e Irlanda, se vea de otro modo, pero en España, hoy en día, es casi normal que un niño sueñe en un putting green cualquiera con embocar el putt ganador en una Ryder. Es cierto que sólo once españoles han representado a Europa desde 1979 en la Ryder Cup, pero su peso y legado en la historia de esta competición son formidables, con mención especial para el tridente supremo que a lo largo del tiempo y las ediciones forjaron Seve, Chema y Sergio.

A ambos lados del Atlántico existe plena conformidad al respecto: sin el concurso del golf español el devenir de la Ryder Cup habría sido otro muy distinto, más sombrío, porque no se trata sólo del talento sumado, sino del espíritu bravío que Seve inoculó. Así se entiende también, con enorme orgullo, en España, por lo que no era extraño que Jon Rahm soñara en un putting green cualquiera, desde una temprana edad, con embocar el putt ganador de una Ryder Cup. Y ahora, cuando el verano de 2017 daba sus últimos coletazos, había llegado el momento de dejar de soñar y de empezar a ganarse de verdad una plaza en el equipo.

UNA CLASIFICACIÓN METEÓRICA

Antes de cerrarse el mes de septiembre de 2017, el primero válido para la clasificación de aquella edición de la Ryder, Jon ya había sumado una interesante cantidad de puntos de ranking mundial después de firmar tres top ten en los tres playoffs finales de la FedEx Cup. Aquello era un excelente y tempranero botín. Después, entre noviembre de 2017 y enero de 2018, dejaba prácticamente cerrada su clasificación tras ganar dos torneos, la Final del circuito europeo en Dubai y el CareerBuilder del PGA Tour, y cosechar un segundo puesto en el Sentry Tournament of Champions, también del circuito norteamericano. El objetivo estaba liquidado a través de la lista de clasificación de puntos de ranking mundial, cuando ni siquiera habían pasado cinco meses desde que arrancara el año Ryder, pero por si quedaba alguna duda enlazaba poco después, en abril de 2018, un cuarto puesto en el Masters de Augusta y una victoria en el Open de España. Fin de la historia: Jon ya podía considerarse por vez primera, y aunque todavía fuera de modo oficioso, miembro del equipo europeo de la Ryder Cup. Como Seve en su día. Como Antonio Garrido y Manuel Piñero. Como José María Cañizares y José Rivero. Como José María Olazábal. Como Miguel Ángel Jiménez y Nacho Garrido. Como Sergio García y como Rafa Cabrera Bello.

Antes incluso de ganar el Open de España (abril 2018), momento en el que hemos quedado que Jon había liquidado el objetivo Ryder, al de Barrika ya le habían hecho sentir que formaba parte del equipo y de un destino común. Por ejemplo, a través de un chat que se crea al efecto muchos meses antes de la cita y del que forman parte todos los posibles candidatos. Son detalles que los jugadores europeos y los diversos capitanes cuidan con mimo y que marcan la diferencia a la hora de cohesionar un grupo. Tanto es así que el bando estadounidense ha comenzado a copiarlos hace tiempo.

Otro de estos detalles tiene que ver con los emparejamientos 'dirigidos' en los torneos del circuito europeo. El calendario de Jon, como es bien sabido, se centra más en el PGA Tour, aunque el español cumple a rajatabla con los requisitos obligatorios como miembro del European Tour, así que aquel año, por ejemplo, jugó en el Viejo Continente el Open de Francia y el Open de Irlanda. Pues bien, en el primero de ellos salió a jugar los dos primeros días con Tyrrell Hatton y Mathew Fitzpatrick, dos posibles compañeros de equipo (finalmente, sólo Hatton lo sería), mientras que en el segundo lo hizo junto Graeme McDowell, vicecapitán de Thomas Bjorn en aquella edición.

Poco a poco, mucho antes de llegar a tierras francesas, el embrujo de la Ryder ya había surtido efecto. «Se hace un gran trabajo para que los nuevos se sientan parte del grupo. Por supuesto, durante la semana de la Ryder, pero sobre todo antes. Todo ayuda, desde el grupo de whatsapp al hecho de empezar a pasar tiempo y jugar con los que van a ser tus compañeros. El golf es un deporte individual y así lo entiendo yo, pero a mí siempre me ha encantado jugar como equipo. Con España lo había hecho muchas veces. Lo que pasa es que la sensación de la Ryder es única, diferente a todo. Mira que te lo dicen, que te avisan, pero hasta que no lo vives tú no te das cuenta de que no hay nada igual. Es muy difícil de describir y ni siquiera sé si jugar una final de la Champions, una Superbowl o la final de la NBA tiene algo que ver, porque al fin y al cabo estos eventos son de equipo y tú ya formas parte de uno de ellos durante toda la temporada, mientras que en una Ryder se forma un equipo cada dos años», señala Jon.

Muy pronto, además, en los meses previos a la gran batalla en el Golf National francés, Rahm llegaba a entender otro de los 'secretos' del equipo europeo: «Te vas dando cuenta de que la rivalidad que se fomenta en el bando europeo no es nada agresiva. Va más allá de un simple sentimiento contra los americanos y creo que tiene que ver con el respeto a nuestro propio pasado, al de los europeos, a lo que habían hecho los Seve, Faldo, Olazábal, Montgomerie o Sergio, entre otros muchos, y seguir ese legado de verdad. Empecé a darme cuenta de que no se trata de intentar machacar a tu rival por el simple hecho de machacarlo, sino que la motivación tiene más que ver con que los históricos del equipo europeo se sientan orgullosos de nosotros. Yo creo que lo que ocurrió en Medinah es un gran ejemplo de lo que significa la Ryder Cup para Europa: defender el honor de un continente y además el de todos los jugadores que defendieron a Europa a través de la historia».

EL LEGADO EUROPEO Y TAMBIÉN EL LEGADO ESPAÑOL

Honor, historia y legado. Tres conceptos intangibles, pero que casi pueden palparse en el vestuario europeo. El jugador español, además, siente también el enorme peso de un legado propio, el que dejaron los Seve, Piñero, Cañizares, Olazábal y compañía, y siguen ampliando y revalorizando otros como Sergio, hoy en día ya coronado como el jugador que más puntos ha sumado (25,5) en la historia de la competición. Como ya ha quedado apuntado, el golf español puede presumir de una amplia, profunda y hasta decisiva influencia en la Ryder Cup. Y, no por conocido, puede omitirse el origen de todo: la competición languidecía a causa de la abrumadora superioridad estadounidense durante el primer medio siglo de historia, así que algunas voces autorizadas, sobre todo del otro lado del Atlántico y con la de Jack Nicklaus a la cabeza, comenzaron a hacerse una pregunta en voz alta: ¿por qué no se amplía el equipo británico—irlandés a todo el continente, aprovechando sobre todo la irrupción de un talento como el de Seve Ballesteros, para así dotar de mayor competitividad e interés al duelo? Dicho y hecho.

Desde entonces, desde que Europa juega como Europa (1979), siempre ha habido al menos un jugador español dentro del equipo europeo, cuando no dos, tres y hasta cuatro. Por tanto, quizá sea el momento de hacer una corrección. Antes nos referíamos al número de españoles que han vestido los colores europeos, once, como una cifra más bien exigua o no desde luego demasiado elevada. La realidad, cuando se desentierra el dato objetivo, dicta sin embargo que el club de la Ryder es uno de los más exclusivos y que no son tantos los jugadores que llegan a entrar. En las veinte ediciones que se han disputado desde 1979 tan solo 86 jugadores distintos han representado al equipo europeo y, si repasamos los nombres y nacionalidades, resulta que sólo el inagotable y rico vivero inglés ha aportado más jugadores en este tiempo que España. Esta es la relación numérica exacta de jugadores por países desde que Europa juega como tal la Ryder Cup (1979-2018): Inglaterra (28 jugadores), España (11), Escocia (10), Suecia (10), Irlanda (6), Irlanda del Norte (5), Gales (3), Italia (3), Francia (3), Dinamarca (3), Alemania (2) y Bélgica (2).

Se podría ver de otro modo: en estas veinte ediciones han jugado al menos una Ryder sólo 34 jugadores de la Europa continental, descontando a Gran Bretaña e Irlanda, y casi un tercio de esa cosecha provino de España. Para calibrar mejor el peso del golf español en la Ryder, todavía se puede bucear un poco más en busca de otros datos reveladores.

—Desde 1979 se han puesto en juego un total de 560 puntos en la Ryder Cup (28 en cada una de las veinte ediciones disputadas y un total de 320 por parejas, fourballs y foursomes, y 240 en individuales). Pues bien, en 131 de ellos hubo protagonismo español (40 en individuales y 91 por parejas) y en ellos Europa ganó 71 puntos, o lo que es lo mismo, un 54,19 por ciento, cifra más que notable para los estándares porcentuales de esta competición.

—El golf español, como se acaba de señalar, ha disputado la redonda cifra de 40 puntos en los individuales de la Ryder, con un balance de 15 victorias, 5 empates y 20 derrotas, lo que supone la suma de 17,5 puntos, un 43,75 por ciento, cifra más que notable ante el inmenso poderío estadounidense en los cara a cara individuales.

—Por parejas salen mejores cifras. En 91 partidos/puntos con presencia española, de los 320 que hubo en juego por parejas desde 1979, el equipo europeo sumó 53,5 puntos, casi un sesenta por ciento (58,79).

—En este apartado, además, se puede hacer una interesantísima puntualización, ya que en 32 ocasiones de aquellas 91 salió a jugar una pareja compuesta por dos jugadores españoles, con un balance revelador de 20 victorias, 5 empates y sólo 7 derrotas, lo que arrojaba una suma de 22,5 puntos, más de un setenta por ciento (70,31).

—De acuerdo, aquí cobra una especial relevancia el legendario dúo formado por Severiano Ballesteros y José María Olazábal, que disputaron 15 partidos juntos a lo largo de cuatro ediciones (1987, 1989, 1991 y 1993) con un balance de 11 victorias, 2 empates y sólo 2 derrotas, para un total apoteósico de 12 puntos, justo el ochenta por ciento del total, récord avasallador en la historia de la Ryder, se mire por donde se mire: ninguna pareja ha jugado tantos partidos y mucho menos se ha acercado siquiera a esos doce puntos.

Sin embargo, el éxito de las parejas genuinamente españolas en la Ryder no se circunscribe a aquel dúo mítico. No pueden olvidarse otros emparejamientos de españoles en los que el experimento resultó exitoso: Seve y Piñero jugaron cuatro partidos juntos y ganaron tres y perdieron sólo uno; Cañizares y Rivero ganaron el único que jugaron juntos; Olazábal y Jiménez jugaron dos, con una victoria y un empate; Olazábal y Sergio ganaron las dos veces que jugaron juntos; y, por último, Sergio y Cabrera Bello jugaron dos, con un balance de un triunfo y un empate. En el lado negativo de la balanza sólo hay dos casos: Seve y Antonio

Garrido jugaron cuatro partidos juntos, perdiendo tres y ganando sólo uno, mientras que Sergio y Jiménez jugaron un solo partido juntos y lo perdieron. Además, hay que contabilizar un último dúo distinto, el formado por Olazábal y Nacho Garrido, que jugaron un solo partido y lo empataron.

Ya puestos, no deja de ser también curioso y muy interesante otro detalle: la eficiencia de los españoles es aún mayor en la modalidad de foursome, golpes alternos, sin duda la más compleja y delicada. Hasta 14 veces, desde 1979 a 2018, han salido a jugar dos españoles un foursome, con un balance espectacular de 10 victorias, 2 empates y sólo 2 derrotas, para un total de 11 puntos, casi un ochenta por ciento del total (78,57).

Es posible que nunca vuelva a darse el nivel de complementariedad y sinergia que alcanzaron Seve y Chema, puesto que ellos jugaron ocho partidos de foursome, con un balance de seis victorias, un empate y una sola derrota, pero en cualquier caso no parece una mala idea para cualquier capitán europeo alinear a dos españoles juntos en los foursomes: Seve y Antonio Garrido ganaron uno y perdieron otro; Seve y Piñero ganaron los dos que disputaron; Cañizares y Rivero ganaron el único que disputaron, mientras que García y Cabrera Bello empataron el único que jugaron.

No hace falta tener frescos y a mano todos estos datos para entender el influjo español en la Ryder, puesto que desde el principio existió un componente que incluso transcendía a los números y en que la Vieja Europa se honra y valora.

«Seve fue definitivamente quien nos hizo creer que era posible», ha resumido Nick Faldo en más de una ocasión, el jugador europeo con más Ryder a sus espaldas, once, en la historia de la competición, sólo por detrás en el total de los dos bandos de las doce ediciones disputadas por Phil Mickelson. Lee Westwood, por su parte, lleva ya diez ediciones a sus espaldas —está igualado con Bernhard Langer y Christy O'Connor Sr., y sólo por detrás de Mickelson y Faldo—. El inglés, que estuvo presente en el Golf National francés como vicecapitán y que todavía no ha renunciado a disputar como jugador alguna edición más, conoce como pocos la trastienda de esta competición, así que era casi obligatorio solicitarle su valoración acerca del peso del golf español en ella. «Bien, antes que nada debería decir que mi primera Ryder Cup fue en España, en Valderrama, bajo el liderazgo del mejor golfista español de todos los tiempos, Seve Ballesteros. Así que siento que tengo un vínculo especial con España y la Ryder Cup. Yo crecí viendo la Ryder Cup. El único torneo profesional de golf al que fui antes de empezar a jugar fue la Ryder Cup en The Belfry, tuve la oportunidad de ver a Seve y Olazábal jugando allí y pude comprobar en directo la pasión que ellos mostraban. Obviamente, España tiene un vínculo tremendo con la Ryder. Fue Seve quien comenzó a transmitir de verdad la posibilidad de que Europa podía ganar a los americanos, nos lo hizo sentir. Fue clave para hacer al European Tour y a Europa competitivos ante Estados Unidos, ya que hasta que él apareció habíamos sido derrotados muchas veces».

Para ganar a cualquier equipo norteamericano hace falta mucho talento, sin duda, pero también un extra de confianza en las propias posibilidades y Severiano Ballesteros iba sobrado de ambas cosas... Después, de alguna manera, otros españoles, cada cual a su modo, sintieron la responsabilidad de recoger aquel testigo, que sin duda pasó por las manos de Olazábal, también en su faceta de capitán y vicecapitán, y se ha quedado en las de Sergio García, uno de los pulmones del equipo dentro y fuera del vestuario durante los últimos veinte años. O es posible también que ninguno de ellos sintiera tal responsabilidad, tal deber, y simplemente el testigo llegara a ellos de manera natural.

Sea como sea, Jon Rahm era consciente de todo ello antes de debutar en París, aunque luego, sobre todo durante los tres días de competición, aprendiera algunas lecciones sobre la marcha, a salto de mata, que nunca olvidará y que, por supuesto, abordaremos más adelante. «Creo que un novato español en la Ryder Cup no puede tener mejores y más cercanos referentes, comenzando por Seve, pasando por José María Olazábal y terminando por Sergio García, tres auténticos pilares, pero sin olvidarnos de todos los demás, de aquellos pioneros cuando el equipo de Europa daba sus primeros pasos. De todas formas, yo no veía como una responsabilidad el hecho de seguir sus pasos, sino más bien sentí un orgullo enorme», apostilla Jon.

KILÓMETRO CERO: AQUEL VUELO DESDE ATLANTA

Una vez concluidos los playoffs de la FedEx Cup en septiembre de 2018, con la victoria de Tiger Woods en el torneo final, el Tour Championship, celebrada y ansiada por tanta gente, no había tiempo para nada, pues apenas cinco días después, el viernes 28 de septiembre, arrancaría la Ryder Cup en el Golf National parisino. El Tour Championship se disputa en el East Lake Golf Club de Atlanta y desde aquella ciudad volaron seis jugadores del equipo europeo que precisamente habían jugado el torneo, rumbo a tierras francesas: Rory McIlroy, Francesco Molinari, Justin Rose, Paul Casey, Tommy Fleetwood y Jon Rahm. Se trataba de un vuelo nocturno, así que poco intercambio de información, sensaciones y hasta emociones iba a haber allí. Había que descansar, dormir, aunque a algunos les iba a costar más que a otros...

«Al principio del vuelo me dormí tranquilamente, pero hubo algo que me despertó a la hora y media de despegar, más o menos.

No sé qué es lo que había pasado, pero encendieron las luces y yo lo que pensé es que estábamos ya llegando a París. Se lo pregunté a una azafata y ella me confirmó que no, que quedaban más de seis horas de vuelo. Entonces fue cuando de verdad empecé a sentir la emoción de jugar una Ryder Cup, mi primera Ryder Cup, y entre tantas ganas y la ilusión ya no me pude dormir. Después, la noche siguiente, ya en Francia, tampoco dormí nada bien por culpa del jet lag y también de la emoción. Yo creo que todo esto se notó demasiado, porque los dos primeros días en el Golf National, lunes y martes, estaba pegando fatal a la bola. Estaba muy emocionado, pero también me iba agobiando porque no encontraba la manera de darle bien a la bola. Normalmente, cuando me ocurre algo parecido en los días previos a un torneo, no suelo preocuparme demasiado, trato de no darle mucha importancia, pero en esta ocasión no era así. Primero, creo yo, porque se trataba de mi primera Ryder, y en segundo lugar, porque estaba teniendo muchos problemas con el drive, desde el tee, y en aquel campo, tal y como es y del modo en que estaba preparado, estás muerto si no pegas buenos golpes de salida».

No era el mejor modo de comenzar una semana tan especial, pero en los días previos al inicio de la competición no hay tiempo para casi nada, tampoco para lamentaciones. Por otro lado, entre la vorágine de entrenamientos, vueltas de práctica y compromisos varios, la experiencia de compartir espacio y confidencias con los compañeros de equipo, lo hacía todo más llevadero. Quizá, aquello era lo primordial: Jon, al igual que otros cuatro jugadores —Tyrrell Hatton, Tommy Fleetwood, Thorbjorn Olesen y Alex Noren—, era un novato, pero nadie se lo hacía sentir. Cada uno de ellos era uno más, aunque los nervios y la incertidumbre hicieran su sórdido trabajo.

LA ENTRADA EN EL SANTUARIO

«Igual que ya había ocurrido en las semanas y meses previos, ahora que ya estábamos allí te sientes rápido muy metido dentro del equipo. Eso es lo que te hacen sentir por encima de cualquier otra cosa. Desaparece ese respeto que nos tenemos durante el año, en los torneos, como competidores que somos. Por supuesto, se notaba la diferencia entre los 'rookies' y los que ya habían estados varias o muchas veces, como Sergio, Rory, Stenson y demás. Ellos iban muy tranquilos de un lado a otro, pero yo reconozco que lo veía todo con mucho más estrés: las fotos, los medios, los compromisos... Por eso digo que, visto desde dentro, se hace un gran trabajo para que todos nos sintamos parte del grupo y eso es muy importante», recuerda el de Barrika.

Son muchos los jugadores que han participado en alguna Ryder que coinciden en que la vivencia es tan intensa que se crean unos vínculos especiales, muy potentes, entre todos los que la han vivido, ocurra lo que ocurra en el campo, se gane o se pierda. La experiencia de Jon también sigue esa línea: «Siempre se ha dicho que las relaciones que se crean esa semana son muy especiales y para siempre y yo creo que es verdad. En mi caso, quizá con mayor razón, porque la primera experiencia es única. París sólo habrá uno y será siempre único en mi vida y en mi carrera».

SERGIO GARCÍA SIGUE SIENDO EL NIÑO

Definitivamente, la Ryder que iba a suponer el estreno de la emergente estrella española, Jon Rahm, podía coincidir con el crepúsculo en esta competición de Sergio García, gran referente del golf español durante todo el siglo XXI y algo más que una estrella en la Ryder Cup. Se iba a acercando la gran cita, el año de clasificación Ryder tocaba a su fin y las cuentas no salían por ningún lado. Meses antes, Sergio había llegado en buena forma al Masters de Augusta, dispuesto a defender la chaqueta verde que había ganado el año anterior, pero aquel accidente mayúsculo en la primera ronda, cuando firmaba un '13' en el hoyo 15, dio paso a una larga y tenebrosa etapa. Basta un dato para entenderlo: aquella semana fallaría el corte en Augusta y en los siguientes cuatro meses sumaría el mismo número de cortes fallados, siete, que en los cinco años anteriores completos (de 2013 a 2017, ambos incluidos).

Su ascendencia en la Ryder, es cierto, era indiscutible, pero ante tal panorama eran muchas las voces que desaconsejaban al capitán, Thomas Bjorn, que gastara una de sus cuatro elecciones en el español. El danés, no obstante, decidió arriesgarse. «Ir a una Ryder sin Sergio García sería como si un equipo de fútbol saliese a jugar sin un capitán en el campo», dijo entonces. Tras la elección, Sergio respondía con un más que decente séptimo puesto en el Portugal Masters, justo la semana antes de la Ryder. ¿Una luz al final del túnel? Fuera como fuera, la suerte estaba echada y García se disponía a disputar su novena Ryder Cup desde que debutara en 1999, coincidiendo con el estreno de Rahm y superando las ocho ediciones que Seve había jugado entre 1979 y 1995.

Quién sabe, puede que hasta Sergio y Jon pudieran jugar juntos algún partido, aunque a lo largo de las jornadas previas al inicio de la competición, el viernes 28 de septiembre, tal posibilidad fue quedando relegada. Bjorn no lo había descartado de entrada, pero pronto se decantó por otras opciones. «Hablé muchas cosas con Thomas y para mí, desde luego, hubiera sido un honor jugar junto a Sergio, alguien que lo ha hecho tan bien y con tantos y distintos jugadores, pero luego el capitán hace lo que él quiere hacer y yo tampoco podía exigir que nadie fuera mi niñera, todo el tiempo pendiente de mí. Yo, con el paso de los días, veía que tenía muchas opciones de jugar con Rory o con Justin Rose, más que nada porque jugábamos la misma bola», puntualiza al respecto Rahm.

¿Se volcó Sergio, como experto en mil batallas Ryder que era, con su joven compañero y compatriota? Esta pregunta tiene más enjundia de lo que parece por una sencilla y morbosa razón: desde que Rahm irrumpiera con fuerza en la élite del golf mundial, amenazando entre otras cosas el indiscutible y prolongado liderazgo de García en el golf español, parecía inevitable que se colocara una lupa escrutadora sobre la relación que ambos mantenían: si era más o menos amistosa, indiferente, tirante o incluso mala. De entrada, y durante mucho tiempo, el morbo fue burlado y apaleado, puesto que las actitudes y declaraciones de uno y otro estaban llenas de respeto y admiración. Pero un incidente, vía redes sociales, en el Masters de 2018, encendía la mecha. Sergio, que no había pasado el corte, pero que tenía que poner la chaqueta verde al nuevo campeón, se refirió a los principales candidatos al triunfo en los prolegómenos de la última ronda a través de Twitter, citando a Patrick Reed, líder después de tres vueltas, Rory McIlroy, que salía en el partido estelar a tres golpes de Reed, y Rickie Fowler, que salía a cinco golpes del líder, olvidándose de incluir a Jon, que salía junto a Fowler en el penúltimo partido, a seis golpes de la cabeza. El lapsus no fue interpretado con benevolencia por muchos aficionados, ni siquiera cuando Sergio puntualizó con un nuevo 'tuit', ahora sí incluyendo al de Barrika: «And i forgot to mention Jon Rahm of course! He's gonna need a very good round and help from the guys on top, but we'll see», escribió, incluyendo una banderita española.

Es obvio que el asunto no revestía mayor gravedad, pero en según qué escenarios y situaciones, cualquier detalle se mide al milímetro. Es el precio que pagan quienes andan cada día en el candelero. La marejada, de todos modos, quedó en nada. Ni Jon Rahm entró al trapo de una supuesta rivalidad enconada, ni tampoco Sergio la buscó. Pero aquella omisión, por más que fuera corregida, fue suficiente para que la opinión pública, sobre todo en España, se mantuviera alerta, también durante aquella Ryder. Repitamos, entonces, la pregunta: ¿se volcó Sergio con su joven compañero y compatriota? Y dejemos que sea Jon quien la conteste, porque su análisis, con la cabeza fría y tiempo después de aquella inolvidable semana en Versalles, no tiene desperdicio:

«Me molesta que se intente ver algo malo donde no lo había. Sergio fue afectivo conmigo y me lo dejó muy claro: si necesitas cualquier cosa o tienes alguna duda, me lo dices, porque ni él podía estar todo el tiempo encima de mí, ni a mí tampoco me habría gustado que lo hiciera. Después, hay que dar mucho crédito a lo que Sergio hace dentro del grupo, sobre todo si pensamos que él traía sus propios problemas, porque había estado jugando mal e incluso se criticó su elección. Habría sido muy egoísta por mi parte exigir que se olvidara de todos sus problemas para pensar en mí o en cualquier otro. La tensión que cada uno siente en una Ryder, por los motivos que sean, es difícil de llevar. Sergio tenía sus propios problemas y sin embargo fue un gran compañero de equipo, creando un ambiente muy relajado y distendido, como sólo él sabe hacer. Por eso, repito: hay que dar mucho crédito a lo que Sergio hace en la Ryder, no sólo en el campo, que es mucho y ahí está su récord de puntos, sino también fuera del campo».

Enseguida, el jugador vasco da con la clave de la simbiosis que Sergio García y la Ryder Cup han creado: «Él ha jugado ya muchas ediciones, pero el secreto, creo yo, es que lo vive siempre como la primera vez, como un niño, haciendo bromas, quitándole drama y creando un ambiente magnífico. Por eso aporta tanto y por eso él ya es esencia misma de la Ryder. Poulter también me parece muy importante en el equipo. Directamente, habría que elegirlos cada edición a dedo si no se metieran en el equipo. Yo nunca vi a Severiano dentro de un vestuario, pero a lo mejor entre los dos, Sergio y Poulter, completan aquella esencia de Seve».

LAS CARTAS SOBRE LA MESA: ESTRENO JUNTO A JUSTIN ROSE

Los días pasaban y Thomas Bjorn y sus cinco vicecapitanes —Robert Karlsson, Padraig Harrington, Lee Westwood, Luke Donald y Graeme McDowell—, como no podía ser de otra manera, completaban el jueves el puzle de los emparejamientos. Las primeras cartas ya estaban sobre la mesa. «El jueves jugamos juntos Rose y yo en la vuelta de prácticas y creo que fue allí mismo, en el campo, donde nos insinuaron que formaríamos pareja en la sesión que abría la Ryder, los fourballs del viernes. Después del entrenamiento nos lo confirmaron. Justin es un tipo muy calmado y seguro que exterioriza las cosas mucho menos que yo. Nos miramos a los ojos y nos dijimos: a por ello», rememora Jon.

Había llegado la primera gran hora. Probablemente la que provoca mayor incertidumbre, pues hay una situación concreta que inevitablemente se recrea en la cabeza de todos los novatos de forma anticipada y recurrente: el tee del 1 de una Ryder Cup. Pensemos, para empezar, que esta experiencia, la de subirte por primera vez en la vida a un tee del 1 en la Ryder, sólo la viven cada dos años un grupo muy reducido de jugadores (en el Golf National, por ejemplo, hubo ocho 'rookies', tres estadounidenses y cinco europeos). En esta ocasión, además, el especial atrezo del escenario, con un graderío que contaba con cerca de siete mil asientos, no paliaba precisamente el efecto intimidatorio, aunque el hecho de jugar como local siempre ayude a pasar el mal trago.

«Yo nunca he salido de líder en la última ronda de un Grande, pero los que sí habían vivido aquella experiencia decían que las sensaciones y los nervios en el tee del hoyo 1 de la Ryder eran como diez veces más fuertes... Por decir algo. Decían que no es comparable. Hablando con Justin Rose sobre ello, al que por cierto le dije que pegara él primero —puntualiza entre risas el español—, me confesó que no había manera de prepararse para esa experiencia. Que había que vivirlo y ya está. Hasta me dijo que él tenía los mismos sentimientos cada vez que volvía a subirse al tee del 1. Cuando hasta Chema te cuenta que estaba temblando la primera vez que fue a pinchar el tee... Te impresiona. Creo que cada uno lo siente de una manera diferente, por eso es único. La Ryder son muchas cosas y vivencias muy complicadas de resumir y describir, pero después de haberte subido por primera vez al tee del 1 es cuando terminas de entender que ya nunca vas a querer perderte esa competición, que harás lo posible e imposible por jugarla cada dos años».

Es cierto, cada uno siente a su manera esta especial y exclusiva vivencia. Y a todos los protagonistas se les hace muy difícil describirla con palabras. Probemos, por ejemplo, con la opinión de un veterano curtido en mil batallas, Henrik Stenson, que ha formado parte de la columna vertebral de la escuadra europea en las últimas ediciones. El sueco, como casi siempre, echa mano de su particular sentido del humor. «Tuve la suerte de no tener que pegar el primer golpe de mi vida en una Ryder Cup en el tee del 1. Mi debut fue en un partido de foursomes y fue David Howell quien pegó el primer golpe, así que por suerte me lo pude ahorrar. En cualquier caso, es algo muy especial. He escuchado a otros jugadores hablar de ese momento y de esos nervios que yo no pude sentir, o al menos no tan nervioso, porque era David quien pegaba. Difícilmente se puede colocar la bola sobre el tee sin que se caiga, creo yo... De todas maneras, al fin y al cabo soy sueco y ya se sabe que tampoco somos muy de ponernos nerviosos. Pero es una atmósfera muy especial, es algo diferente. El golf es un deporte individual en el que cada dos años nos unimos para este gran evento match play como equipo. Compites por tu país, por tu continente. Nosotros siempre hemos tenido una gran habilidad, me refiero a Europa, para llegar a esa semana de la Ryder Cup y competir todos juntos como uno solo y creo que eso es brutal. Sientes que decepcionas a tu equipo si no juegas como quieres, aunque precisamente esos son los pensamientos que uno no debe tener cuando marcha hacia el tee del 1. Tú debes salir a jugar con todo, hacerlo lo mejor posible y pelear al máximo. Una de mis mejores experiencias como profesional es formar parte de ese equipo».

Tommy Fleetwood, otro debutante en 2018, conseguía explicárnoslo de un modo rotundamente expresivo: «Cuando supe que iba a debutar en una Ryder sólo tenía en mi cabeza la imagen del tee del 1, ese golpe. Quería pegar ese tiro. Creo que es un momento increíble. Es una atmósfera muy especial. No importa con cuántos jugadores hayas hablado o cómo te hayas preparado para ello, nadie puede estar preparado para eso. Tienes que lidiar con ello. No sabes cómo va a reaccionar tu cuerpo, ni cómo van a salir tus emociones. Es un momento muy especial y excitante para cualquier jugador».

Jon no iba a tardar demasiado en vivir la experiencia. Thomas Bjorn no quería tener sujeto al potro más tiempo de lo debido, así que la pareja Rose—Rahm abriría los fourballs de la primera jornada a las 8,11 de la mañana del 28 de septiembre. También era una manera de decirle: ahí lo tienes, a por ello. El español, de nuevo, señalado. Su primer *partenaire*, Justin Rose, era en aquel momento número dos del mundo. Y entre sus primeros dos rivales directos, Brooks Koepka —su pareja era Tony Finau—, era en aquellas fechas número tres del mundo y vigente ganador del US Open y el PGA, dos de los cuatro Grandes de la temporada.

Capítulo segundo: Las dos grandes lecciones

Jon fue el último en pegar en el partido de fourballs que abría la Ryder 2018. Lo hizo a las ocho horas y trece minutos de aquel 28 de septiembre. Antes, Tony Finau casi se había ido al agua, mientras que Brooks Koepka y Justin Rose, el primero con hierro y el segundo con madera, habían llevado la bola al centro de la calle. El español quiere coger cuanto antes el toro por los cuernos, así que después de pinchar la bola en el tee anima a los aficionados a hacer ruido; lo hace levantando dos veces ambos brazos, aunque con cierta timidez, sin soltarse del todo, pero el caso es que lo hace. Y acto seguido pega una gran madera a calle. De momento, las malas sensaciones —y los malos swings— que le han perseguido durante toda la semana, le van a dar una tregua, al menos durante toda la primera mitad del recorrido: en aquel hoyo 1 se iba a dejar una opción de birdie de unos dos metros, aunque sería Rose quien ganara el hoyo —casi se había dejado dado el birdie—; después, en el hoyo 3, él se encargaría de empatar el hoyo con un birdie, embocando desde unos dos metros; en el 6, par 4, andaba muy cerca de embocar un chip de eagle para empatar el hoyo, tras pegar un excelente zambombazo desde el tee —Finau, desde una posición muy similar, lo había enchufado—; en el 8, par 3, pegaba un tirazo y transformaba el birdie para situar a la pareja europea dos arriba...

El partido, no obstante, terminarían perdiéndolo el inglés y el español, tras anotarse la pareja estadounidense los hoyos 16 y 18. El de Barrika aún tuvo un putt para empatar el hoyo 18 y el partido. «Rose se me acercó, me animó y me dijo, es tu momento, métela», recuerda Jon, todavía con un rictus que aúna a partes iguales resignación y desesperación, «pero era un putt muy complicado, con caída y de unos seis metros». Por desgracia, suele ocurrir: aquella manera de perder el primer partido en una Ryder Cup hizo que pesaran las malas sensaciones. «En el hoyo 14 tuve una buena oportunidad para ponernos dos arriba a falta de cuatro, pero no metí el putt y la verdad es que por los segundos nueve hoyos no estuve nada bien, no ayudé mucho a Justin. Empecé a dar malos golpes y, con los problemas que arrastraba de juego, bajo presión no pude enderezar mucho la situación».

Se le olvida mencionar al vasco —o quizá es que prefiere no verbalizarlo para no abrir viejas heridas— que en aquel putt que falló en el hoyo 14, desde unos dos metros, la bola parecía ir adentro y, sin embargo, de la manera más cruel, hizo una corbata de 270 grados y se quedó fuera. Por no hablar de lo ocurrido en el 16. Allí se iba a producir una carambola criminal para los intereses de la pareja europea, que se había subido al tee uno arriba y seguía llevando la iniciativa en el partido: Tony Finau pegaba un tiro muy deficiente y la bola, muy corta y camino del agua, rebotaba en uno de los maderos que conforman el límite del lago, saliendo muy alta y cayendo muerta a menos de un metro de la bandera.

No hace falta siquiera barrer para casa para entender que aquel partido, el del estreno de Jon Rahm en la Ryder Cup, se había decidido por detalles. Y alguno de ellos, como se ha visto, estaban cogidos con los alfileres del más puro y dramático azar. Sin embargo, al español le iba a costar digerirlo. Rose sólo le había dicho al terminar, «queda mucha Ryder, hay que mirar hacia adelante», pero a Jon, en aquel momento, le parecía que el mundo y la Ryder se habían acabado ya.

En el fragor de la batalla, además, tampoco era posible encontrar refugio o consuelo en el cuartel del equipo, pues todavía había dos partidos en juego y, acto seguido, sin tiempo para casi nada, se echaba encima la jornada de tarde con la primera sesión de foursomes. En momentos como aquellos, como es lógico y preceptivo, todos los recursos del grupo se orientan a tareas que tienen que ver con lo que ha de venir, no con lo que ya ha ocurrido y no tiene vuelta de hoja. Para colmo, poco después se confirmaba que el resultado de los fourballs matutinos había sido decididamente favorable a los de Jim Furyk (1-3), así que por aquel lado tampoco cabía ningún alivio. Eso sí, en aquellos primeros minutos angustiosos, los que vinieron después de la derrota —así los vivió Jon: con angustia—, aún iba a contar con la presencia y el apoyo de Kelley Cahill, su pareja. «Estaba de muy mala leche, muy dolido y me senté a comer apartado, sólo con Kelley...».

KELLEY CAHILL

Cuando Jon Rahm y Kelley Cahill hablaron por primera vez en una fiesta universitaria del Halloween de 2012, tanto él como ella tenían pareja más o menos estable. «Yo estaba en la cola de las bebidas y ella estaba también ahí, aunque creía que era la cola del baño... Muy típico de Kelley, en su mundo. Era una fiesta ilegal entre comillas, porque ninguno de los del grupo que íbamos teníamos 21 años —Jon, de hecho, sólo estaba a punto de cumplir los 18—. Estuvimos hablando un rato, pero la verdad es que no recuerdo bien de qué. Mi inglés todavía no era lo suficientemente bueno y, la verdad, no entendí casi nada». Fuera como fuera, no quedaron para volverse a ver «porque ella tenía novio y yo tenía novia», lo cual no quita para que de vez en cuando se cruzaran y saludaran, pues ella, además de estudiar biología en Arizona State, era lanzadora de jabalina en el equipo de atletismo.

No fue hasta tres años después cuando comenzaron a verse con más regularidad. Volvieron a coincidir en el inicio del último curso universitario, en una reunión entre amigos algo más sosegada que aquella primera. «El primer plan que hicimos, con un grupo de gente, fue ir al día siguiente a ver un partido de fútbol americano del equipo de la universidad. Empezamos a pasar tiempo juntos y hablábamos sin problemas, pues mi inglés ya era muy bueno, y sobre todo nos lo pasábamos bien, porque los dos ya estábamos 'solteros', aunque tengo que reconocer que yo al principio pensé que íbamos a ser sólo amigos, ya sabéis, una relación sólo en la 'zona amigos'... Yo no soy de relacionarme demasiado, soy introvertido, bastante tímido, y no tanto de estar mucho por ahí fuera. Tenía el equipo de golf de la universidad y la verdad es que no me relacionaba demasiado con otros atletas, pero yo creo que a ella todo ese entorno mío le gustó». En el día de Acción de Gracias de aquel curso, a principios de diciembre de 2015, ya estaban saliendo, digamos que de un modo más oficial.

En aquellos tres años que habían transcurrido entre aquel primer encuentro y hasta que la relación fue más estrecha, Jon se lo había pasado bien con una moderación quizá impropia de un chico de su edad y situación —lejos de casa y de la mirada vigilante de los padres—, y desde luego propia de quien tenía las ideas y los objetivos extremadamente claros. Por supuesto que participó en algunas juergas, imposible no hacerlo, pero eran las excepciones puntuales que confirmaban sus reglas. «Nunca me ha llamado la noche. Claro que fui a algunas fiestas, en casas, y me lo pasaba bien, pero no acababa por los suelos. Siempre podía volver yo solito a casa tranquilamente. Siempre ha sido así: no hay nada que se pueda hacer una noche con los amigos que me divierta más que competir. Lo que sea, da igual. Me divertía tanto entrenando, compitiendo y consiguiendo objetivos que siempre he preferido eso a pasar toda la noche por ahí para luego estar perdido por la mañana. Salía de vez en cuando, pero me lo pasaba mejor jugando a las cartas y yéndome pronto a la cama. Creo honestamente que en ese sentido he sido más sensato de lo que correspondía por mi edad. Es más, cuando salíamos juntos los del equipo, muchas veces me sentía responsable del resto, de que nadie la liase. Más de una vez acosté a algún compañero. Por un lado, por compañerismo y amistad, pero también por mis objetivos deportivos, porque quería que el equipo rindiera lo mejor posible. Los resultados a lo largo de los años me habían colocado como cabeza del equipo y de alguna manera yo sentía el deber de ayudar en ese sentido cuando estaba en mi mano».

Hasta aquí, una historia de lo más normal. Dos universitarios, Jon y Kelley, que se conocen, se van gustando y deciden ir un paso más allá en el compromiso. Sin embargo, había algo más, detalles muy concretos y de cierta relevancia, que también han tenido alguna influencia en la carrera del jugador. Para empezar: lejos de resultar una distracción, Kelley Cahill aún le ayudó más a centrarse en sus objetivos. «A ella le encanta el deporte y sabe verlo desde dentro, así que en ese sentido es una ayuda, porque entiende lo maniáticos que podemos llegar a ser los deportistas. Ya desde el inicio de la relación ella era más de apuntarse al plan de los tíos, de ver un partido y cosas así. Así empezamos a salir. Le encanta el deporte y es curioso, porque le gusta mucho el soccer, el fútbol europeo; ella es de Portland (Oregon) y seguía al equipo de allí, los Timbers. Después, en un plano más enfocado a lo mío, tengo que concederle más mérito de lo que la gente piensa. Algunas veces venía a verme entrenar, porque ella de golf no tenía ni idea, pero luego, cuando yo quería trabajar y prepararme para ciertos torneos era ella quien a lo mejor se levantaba a las cinco de la mañana y me llevaba en coche, porque yo no tenía, y me apoyaba para que diera ese extra más».

Todavía hay un último apunte en la influencia de la chica de Portland sobre el mozo de Barrika, que a la larga puede ser el más importante de todos. Tiene que ver con algunas costumbres de alimentación que se antojan relevantes, si estamos hablando de un deportista del máximo nivel. «Fue ella la que me empezó a decir: oye, si quieres ser atleta a lo mejor tienes que empezar a comer un poco mejor. Ha habido mucha gente que ha tenido una importancia vital para que yo llegara a donde estoy, comenzando en primer lugar por mis padres, pero es cierto que Kelley fue también importante en este aspecto: yo no soy un tío con cuadraditos marcados en los abdominales, pero, si me evalúas, ves que estoy muy sano y en gran parte es por ella. Le encanta todo el tema de la nutrición y como buena bióloga lo hace todo de un modo muy científico, así que me ayudó mucho para coger hábitos más sanos», puntualiza el vasco.

A día de hoy, el equipo de trabajo de Jon Rahm cubre con holgura todos los espectros necesarios del quehacer de un profesional del golf, con especialistas de primer nivel que trabajan con él de un modo más o menos directo, dependiendo del momento y las necesidades, pero hubo un tiempo en el que la presencia de Kelley fue más determinante, e incluso hoy, sentencia el jugador, «aunque a ella no la podemos considerar parte del equipo de profesionales que trabajan conmigo, aporta cosas porque me conoce muy bien y sabe lo que me puede hacer más falta en un momento dado».

Regresamos a la Ryder 2018. Habíamos dejado a Jon y a Kelley en el comedor del equipo, solos los dos en una mesa. Y no hace falta ser un genio para entender que la conversación no era fluida, sencillamente porque Jon no estaba todavía como para hilar nada, minutos después de haber caído junto a Justin Rose y frente a Brooks Koepka y Tony Finau. Y ella, que tan bien lo conoce, sabía que poco más podía hacer, aparte de mostrarle apoyo con su sola presencia...

Si en este preciso instante situáramos el relato en un plano más literario, adornándolo con algunos ribetes de ficción, sería justo entonces cuando alguien, que se había acercado silencioso a la espalda de Jon, le diera dos toquecitos en un hombro al tiempo que preguntaba: ¿puedo sentarme con vosotros?

JUSTO LA PERSONA INDICADA, UNO ENTRE MIL MILLONES

Ribetes de ficción aparte, era José María Olazábal quien se había acercado a la mesa en la que Jon Rahm rumiaba todavía aquel putt del 14 y el morrocotudo golpe de suerte de Finau en el 16, y maldecía la perversa inconsistencia de su swing aquella semana.

El capitán del Milagro de Medinah había sido invitado a disputar una exhibición, algo así como una mini Ryder de ex capitanes de ambos bandos —él jugó en su partido junto a Mark James, frente a Ben Crenshaw y Hal Sutton—, incluida en el programa de eventos de las vísperas y que hizo las delicias de los aficionados. Según confesaba a los medios españoles un día antes del arranque de la Ryder, era la primera vez que él acudía sin una tarea concreta que llevar a cabo en las filas de la Vieja Europa, de tal modo que pensaba disfrutar el acontecimiento mucho más relajado. Obviamente, dijo, vería y hablaría a los jugadores, pero siempre en un segundo plano y desde una posición más distendida. Y de aquel modo, desde un prudente pero decisivo segundo plano, como dijo que haría, se acercó a Jon, muy consciente de que ahí podía echar un cable al equipo, justo en un momento en el que al capitán y los vicecapitanes les hacían falta más manos, metidos como estaban en el fragor de la primera gran batalla.

«Me pasó lo mejor que me podía pasar en aquel momento, que fue encontrarme con Chema. Salvo que el espíritu de Seve bajara y me hablara, creo que no había nadie mejor que Olazábal para hablar conmigo justo en aquel momento en el que lo veía todo negro y estaba tan decepcionado. Los dos somos vascos y creo que en el fondo con una mentalidad muy parecida», señala Jon. «Comimos juntos y, básicamente, lo que me dijo es que era muy natural que estuviera jodido por haber perdido, pero que no me sintiera mal por el equipo, que no pensara que había decepcionado a nadie. Después, empezó a contar historias de las suyas y poco a poco me fui sintiendo mejor».

Resulta también valioso y esclarecedor el testimonio de Olazábal acerca de aquella charla, realizado expresamente para la edición de esta obra. Dejemos que hable, por tanto, el gran capitán: «Yo ya estaba en el comedor cuando Jon entró. Cogió algo de comida y se sentó en una mesa con Kelley, solos los dos. Estaba muy serio, sin hablar mucho, o más bien nada y como dándole vueltas a lo que había pasado. Si no me equivoco, yo estaba en una mesa con Sergio Gómez, me acerqué y empezamos a hablar. Él me decía que tenía la sensación de haberle fallado al equipo y yo le di mi opinión. Lo que le dije es que nadie decepciona a nadie si ha hecho todo lo que ha podido, recordándole que el rival también juega y muy bien, que nos enfrentábamos a varios de los mejores jugadores del mundo y que por tanto la derrota entra dentro de lo posible, y hasta de lo probable. Se gana o se pierde, sin más, y el equipo lo sabe. Lo importante, le dije, es el equipo. Y que puedes estar dolido por una derrota, es lógico, pero que enseguida hay que ver qué se puede hacer por el bien del equipo y no gastar tiempo ni energías en tu propio resultado. Que fuera consciente de que lo importante es que el equipo esté siempre unido».

Equipo, equipo y equipo. Es el secreto del éxito. Cuidar cada detalle para que el grupo esté por encima de todo. La única manera de doblegar a un rival tan potente pasa por tener la humildad y los reflejos de hacer a cada paso lo que mejor venga al grupo, por pequeño que sea el detalle, ya sea después de ganar o de perder un partido. Todo esto es lo que Olazábal trataba de hacer ver a su joven compatriota. Además, le dio algún consejo más concreto, para cuando estuviera de nuevo en el campo, que tampoco tiene desperdicio:

«Recuerdo que también le dije que en una Ryder, por encima de cualquier otro torneo, con todas las emociones que hay en juego y el ambiente tan especial que se crea, no es cuestión de salir al mil por mil y de tratar de hacer birdie en todos los hoyos. Que hay que aprender, a lo largo de un partido, a pararse y dar dos pasos atrás y, muy importante, observar la situación como si lo estuvieras viendo todo desde fuera».

Para acabar, la parte más distendida de la conversación. «Luego le conté algunas experiencias propias que había vivido con Seve y que sobre todo tenían que ver con la forma de pensar en el campo y fuera del campo y con la manera de afrontar los próximos partidos. Al final, sólo se trataba de trasmitir paz y tranquilidad y por eso no le doy mayor importancia a aquella charla», concluye Chema.

LA PRIMERA DE LAS DOS GRANDES LECCIONES

Te lo pueden contar y hasta describir con un realismo descarnado. Te pueden dar mil argumentos y hasta facilitarte, es un modo de hablar, un manual escrito en activa y en pasiva. Pero hasta que uno no pasa la teoría por el filtro de la vivencia personal a menudo es incapaz de quedarse con la verdadera esencia del mensaje. En realidad, José María Olazábal no le había dicho nada a Jon que éste no hubiese escuchado, desde un enfoque u otro, en los meses, semanas y sobre todo en los días previos al despegue de la competición: equipo, equipo y equipo. Pero el modesto sabio de Hondarribia —«no le doy mayor importancia», decía— estaba ahí en el momento y lugar precisos para, ahora así, poner toda la teoría delante del espejo de la vivencia personal. ¿Has perdido? Pues aprieta los dientes y no pierdas tiempo recreándote en tu desgracia, porque siempre habrá algo, por pequeño que sea, que se pueda hacer por el grupo. Por ejemplo, en aquel momento, terminar de lamerse las heridas cuanto antes y salir al campo a seguir los foursomes de la tarde. De hecho, mientras la charla tenía lugar, Justin Rose, compañero de partido de Jon en la sesión matutina, se dirigía ya al tee del 1 del Golf National, de nuevo, para abrir la sesión de foursomes junto a Henrik Stenson y frente a Dustin Johnson y Rickie Fowler.

Jon terminó de comer y aún necesitó un tiempo —una hora y media, minuto arriba o abajo— para recomponerse, digerir, comprender y templar. Porque no puede eludirse una parte fundamental de la batalla interna que estaba librando: el de Barrika había afrontado aquella Ryder a lo grande, como siempre, con las mayores y más exigentes expectativas abiertas de par en par, o lo que es lo mismo, con el irrefrenable deseo, casi necesidad, de ser una pieza clave del equipo en el campo, de sumar todos los puntos y de jugarlo absolutamente todo, los cinco partidos, si fuera posible. Repetimos: tocaba recomponerse, digerir, comprender, templar... Y tomar la decisión correcta, como así hizo: «Kelley, vámonos para el campo».

Con gran honestidad, reconoce que fue en aquel momento, no antes, cuando aprendió la primera gran lección de la Ryder —le quedaba otra más, tanto o más interesante, que por supuesto se abordará inmediatamente—.

«Después de pasarlo fatal, de comer y de hablar con Chema, terminé al fin de darme cuenta de que éramos un equipo, que no son sólo los ocho que están en el campo, sino los doce, y que algo tenía que hacer para ayudar al grupo como fuera. Así que me fui al campo y traté de arrimar el hombro para que los decibelios subieran, para crear ambiente y animar a los aficionados, porque eso repercute en el que está jugando. Me convencí de que, aunque yo no le estuviera pegando bien a la bola, formaba parte de aquello y aún podía ayudar desde fuera. El juego de Europa fue una pasada por la tarde, en los foursomes, y entonces lo entendí todo mejor todavía: ya sabía que yo no era quién para juzgar la decisión de un capitán, pero es que además Thomas Bjorn había acertado dejándome fuera; creo que conmigo en el campo se habría perdido mi partido en un foursome porque mi juego no estaba bien».

DERROTA JUNTO A POULTER Y SEGUNDA GRAN LECCIÓN

Sábado, 29 de septiembre de 2018. Por la mañana, de nuevo sesión de fourballs. Jon Rahm está de nuevo en el campo. Esta vez, junto a Ian Poulter, otro peso pesado del vestuario azul, y frente a Justin Thomas y Jordan Spieth, que al fin y a la postre sería la única pareja norteamericana titular en las cuatro sesiones de fourballs y foursomes, con un magnífico balance de tres victorias y una derrota.

El español no termina de encontrarse a gusto. Lo cierto es que ni termina ni empieza. Demasiado irregular, aunque también protagoniza algún arranque de genio para apoyar a Poulter, que es quien lleva la voz cantante por la primera mitad del recorrido. El inglés, con cuatro birdies, mantiene empatado el partido saliendo del green del 9. Después, cuando las cosas se ponen más feas (dos abajo después de doce hoyos), el español entra en escena con dos birdies en los hoyos 13, para ganarlo, y 14, para empatarlo, que mantienen las espadas en todo lo alto. Pero Justin Thomas no está para tonterías y sentencia el duelo con tres birdies en los últimos cuatro hoyos del partido, que acabará en el 17 (2 y 1 para los americanos).

Era evidente que Jon no había encontrado aún su mejor versión, pero no lo era menos que, además, las circunstancias se le estaban cruzando con persistente saña: él y Poulter habían perdido un partido en el que habían registrado un más que notable acumulado de siete menos, frente al nueve menos estelar de los estadounidenses. Ninguna otra pareja norteamericana, en aquella sesión de fourballs, se había acercado siquiera a tal registro: Tiger y Reed firmaban un -2 en quince hoyos, Dustin Johnson y Fowler un -5 en dieciséis hoyos y Koepka y Finau un -4 en diecisiete.

«Yo seguía sintiéndome muy incómodo en los tees. En aquel partido, si la memoria no me falla, creo que cogí mi primera calle en el hoyo 13... Iba haciendo lo que podía y luego conseguí dos buenos birdies, aunque también es cierto que hay que darle todo el crédito a Thomas y Spieth, que jugaron muy bien, sobre todo Thomas. Madre mía, es que nos hicieron birdie en los cuatro pares 3 del campo».

Sobre la misma hierba del Golf National, mientras disputaba su partido junto a Poulter, Jon iba tomando notas de lo que sería la segunda gran lección que sacaría de la Ryder, no menos trascendente que la primera, y que tiene que ver con el enfoque que debe darse al juego cuando se está disputando un partido. No hay mejor manera de entenderlo que en boca del propio Jon:

«El partido con Poulter fue diferente a lo que esperaba. No me habló mucho. Ni él, ni tampoco Rose el día anterior. Lo que ocurría es que yo estaba demasiado pendiente de Poulter y de Rose, de jugar para ellos y de no defraudarles. Y tuve que aprender sobre la marcha, en aquellos momentos, que las cosas no funcionan así. Sabes que es una competición por equipos y tienes que celebrar y ser positivo, pero a la hora de la verdad también tienes que jugar tu golf, hacer las cosas por ti mismo y no esperar que nadie se salga de su mente y de su juego para estar pendiente de ti. El equipo se hace en el vestuario y en cualquier situación, pero luego llega un momento en el que cada uno tiene que estar muy metido en lo suyo, en su bola, en su juego, sin pensar si gusta o no gusta, si defrauda o no defrauda. Así que, ya durante el partido con Poulter me lo repetía: tienes que jugar por ti mismo, tienes que hacerlo porque eso será bueno para el equipo».

Quedaba clara la peculiar dicotomía. Por un lado, como primera lección, equipo, equipo y equipo. Por el otro, como segunda, aprender a no distraerse cuando uno se queda solo ante el peligro, puesto encima de la bola. Aprender, asimismo, a no estar tan pendiente de los demás ni a esperar más atención de la debida. Rose y Poulter no eran precisamente unos recién llegados y así se lo hicieron ver. Y así es ciertamente como desde fuera se ve actuar a todos los grandes jugadores que han pasado por la Ryder: cuando hay que celebrar, celebran por todo lo alto, incluso con euforia y aspavientos, que al fin y al cabo la batalla psicológica con el rival también se mueve en ese campo; en la hora del error, sea de uno mismo o de tu compañero, muestran templanza y recato; y al mismo tiempo y en todo momento, dejando siempre un espacio interior, digámoslo así, para uno mismo. En este equilibrio, nada sencillo de alcanzar, está la virtud.

Después, por supuesto, hay matices que pueden darse según la personalidad de cada cual, porque los hay más o menos habladores y más o menos expresivos. Y en este sentido también tienen su peso las decisiones del capitán a la hora de establecer los emparejamientos.

Son lecciones que Jon Rahm ya lleva bien aprendidas para futuras ediciones de un evento que nada tiene que ver con lo que un jugador profesional vive cada semana de la temporada. Hay quien aprende rápido, quien lo hace más lento y hasta quien no consigue adaptarse al medio. El vasco, afortunadamente, suele inscribirse en el primer grupo.

JON, DESDE LAS ENTRAÑAS DEL VESTUARIO

La Ryder había consumido dos jornadas y Jon no había conseguido sumar ni medio punto en dos partidos. Trataba de aportar e iba aprendiendo sobre la marcha las lecciones, pero había en él un inevitable poso de frustración. ¿Cómo lo veían dentro del vestuario sus compañeros, antes, durante y después de esta primera amarga experiencia? Un buen momento para que entre en escena y responda a esta cuestión Sergio García, punto por punto. Vayamos primero con los días previos a la competición. «Lo vi bastante tranquilo. Hay que pensar que no es nada fácil en tu primera Ryder, aunque seas un gran jugador, como es el caso de Jon, porque te impone un poco el hecho de ser novato y tienes un respeto especial a la gente con más experiencia. A mi también me pasó cuando fui novato, en el 99, aunque yo soy más extrovertido que Jon. La sensación que tuve entonces es que lo mejor que puedes hacer es sentarte, escuchar y aprender. Y yo a él lo vi un poco así, tratando de disfrutar y aprender».

Acto seguido, cuando arrancó la competición, Sergio y el resto de los compañeros podían notar la decepción que sentía el de Barrika. «Jon quería ganar pronto su primer punto para notar que estaba ayudando al equipo, para relajarse un poco más, es normal. Así que cuando perdió lo vimos un poco tenso. Pero poco a poco se dio cuenta de que se puede ayudar al equipo de todas maneras, a pesar de no ganar tu partido. A lo mejor al principio estaba un poco más desilusionado, cabizbajo, por no ganar un punto, porque él se lo exigía a sí mismo, pero luego vio que hay otras maneras de estar, de disfrutar con todos. Esa es una de las claves: darse cuenta de que no importa si suman Rory, Jon, Justin, Henrik o quien sea, lo único importante es llegar a catorce puntos y medio o más. Fue pasando la semana y él se fue dando cuenta, y yo creo que la experiencia le ayudará para siguientes ediciones».

Por último, la redención y el júbilo final. Es especialmente interesante la referencia que el de Borriol hace a lo que estaba ocurriendo en el campo el día de los individuales, en el partido entre Tiger y Jon. «Ganar un partido en una Ryder Cup es muy difícil y ganar a Tiger en los individuales aún lo es más. Todos sabemos lo bueno que es Tiger y cómo te va a exigir en un duelo cara a cara, lo que demuestra la calidad de Jon y la manera de pelear que tiene. Yo creo que aquella victoria le dio a Jon mucha confianza y a nosotros, como equipo, estar viendo en el campo que Jon ganaba a Tiger Woods nos dio un extra de energía. Para todos nosotros fue muy bonito, no sólo porque ganó a Tiger, sino porque de aquel modo la felicidad era completa, ya que cada jugador al menos había ganado un punto. Es verdad que la Ryder es de equipo, pero si además todo el mundo puede sumar, pues es un bonus que cada uno se lleva».

TIGER WOODS: UNA BOFETADA DE PÁNICO

Aquellos fourballs del sábado por la mañana fueron en cualquier caso otra fiesta europea, con un parcial favorable de 3-1 y un marcador total de 8-4. Y en los foursomes vespertinos, en los que Jon no participó, los de Thomas Bjorn aguantaban la urgente carga de los de las barras y estrellas para firmar un parcial de 2-2 (10-6), con Francesco Molinari y Tommy Fleetwood como abanderados, pues habían ganado juntos los cuatro puntos que habían disputado en las dos primeras jornadas.

No cabe duda de que a Jon le consolaba el hecho de ver la Ryder, su primera Ryder, tan decantada a favor de Europa. «Como dije allí mismo, una vez finalizada toda la jornada del sábado, si no sumaba ningún punto y ganábamos la Ryder, pues bien ganada estaba, igual que un jugador que no sale nunca a jugar también gana la Champions League». Pero tampoco podía evitar sentir una espina clavada en lo más profundo de su orgullo competitivo, aunque todavía era posible sacarla en los duelos individuales del domingo...

Entonces, a eso de las siete de la tarde de aquel sábado, el azar diseñaba una jugada maestra emparejando al español con Tiger Woods. Bien visto, a Jon se le presentaba la oportunidad de matar dos pájaros de un tiro: ganar la Ryder y redimirse ante el mejor jugador de todos los tiempos. Pero también cabía una mirada negativa, según la cual aquello iba de mal en peor, puesto que ningún rival impone o intimida más que el genio californiano, sea cual sea su estado y momento —Tiger también había perdido todos sus partidos hasta ese momento—, mucho más cuando no se anda sobrado de confianza. De entrada, la primera reacción de Jon fue precisamente la de hacer la lectura más negativa...

«Le había dicho a Thomas Bjorn, cuando me preguntó, que prefería salir a jugar al principio en el cuadro de individuales. Llevábamos una ventaja considerable en el marcador y eso siempre ayuda a ser más positivo, pero yo por dentro estaba nervioso, muy inquieto por el hecho de estar pegando tan mal a la bola, pensando mucho en ello y tratando de encontrar en mi cabeza la forma de arreglar un poco mi juego. Y en esas estaba cuando veo el cuadro: Rory—Justin, Casey—Koepka, Rose—Simpson... Y el siguiente, Rahm—Tiger. Tócate los cojones».

Tiempo después, la exclamación aún le sale viva y alterada: «Tócate los cojones». Y enseguida, según reconoce sin pudor, se iba a poner en marcha el auténtico y verdadero carrusel del pánico. Cada imagen o pensamiento que se le venía a la cabeza no hacía sino avivar el fuego de los temores. «Creo que lo primero que me dije es: me ha tocado con uno de mis grandes ídolos, uno que ha ganado la semana pasada —el Tour Championship del PGA Tour— y que en esta Ryder, igual que yo, todavía no ha ganado ni medio punto, así que este tipo va a venir a matarme. Luego, recuerdo que me puse a pensar en que si algo se le había dado bien a Tiger históricamente en la Ryder eran los individuales —y no andaba desencaminado, puesto que el de Cypress sólo había perdido uno en siete ediciones, el primero que jugó en 1997 ante Constantino Rocca—. Pensaba todas esas cosas y, me decía, encima yo no estoy pegando bien a la bola. Y eso era lo peor. Sé que si yo hubiera estado en un buen momento de juego habría visto aquel emparejamiento más como un reto increíble que otra cosa, y lo habría cogido con mucha emoción y ganas. Pero en aquellos primeros minutos de 'shock' era incapaz de encontrar algo bueno en todo aquello».

Quedaban algunas horas por delante para el duelo y Jon necesitaba urgente ayuda externa para iluminar aquel panorama tétrico que él mismo estaba pintando en su cabeza con una sola gama de colores, los que van del gris oscuro al negro. Esta ayuda, obviamente, no iba a tardar en llegar. Y desde varios flancos.

UN PLAN DE JUEGO Y UNA ESTRATEGIA MENTAL

Con el cuadro de individuales ya perfectamente compuesto y 'editado', las primeras reacciones en el cuartel europeo de cualquiera que se cruzaba con Jon iban en la misma línea: «Todos se me acercaban muy motivados y me decían: esto es lo que te hacía falta, le vas a machacar. Y yo, madre mía, asentía y pensaba, si vierais lo que se me está pasando por la cabeza...», recuerda. Era un primer rayo de luz que, como no podía ser de otra manera, llegaba desde el corazón del equipo, aunque a él le siguiera costando ver la botella medio llena. En algún momento, bien lo sabía Jon, había que ponerle un dique al pesimismo y se puso manos a la obra. En el mismo coche que lo llevaba del Golf National al hotel llamó a Joseba del Carmen, su coach mental. Y el inicio del diálogo, tal y como lo reconstruye aproximadamente el jugador, debió ser así:

—Joseba, juego contra Tiger.

—Ah, pues qué bueno, ¿no? Genial.

—¿Qué bueno? Pero ¿cómo que qué bueno?

—A mí me parece que puede ser muy bueno.

—Pero si estoy acojonado, me ha entrado un pánico que no veas.

—Espera, cálmate...

—Es que le estoy dando muy mal a la bola...

—Ya, tranquilo, espera...

—Justo me toca Tiger en un momento así, y ni siquiera he jugado nunca con él. No tengo experiencia y va a venir a matarme.

—Pues yo creo que puede ser una buena oportunidad. Y te lo voy a explicar...

El caso es que Del Carmen, mientras Jon balbuceaba maldiciones, comenzaba a hacer su trabajo. De entrada, trataba de tranquilizarlo haciéndole ver también el lado bueno: tenía la opción de conseguir su primer punto en una Ryder Cup ante una leyenda del golf. Después, la conversación fue discurriendo por los angostos vericuetos de la mente y las emociones. «Yo estaba en Madrid, pendiente del sorteo de los individuales. Y pensaba, ojalá le toque Tiger, porque eso es enfrentarse al mejor y Jon, cuanto más grande es el reto, mejor compite. No he visto a nadie como él tan brillante en ese aspecto. Cuando hablamos le dije eso, que era lo mejor que le podía pasar, y él lo negaba y se enfadó mucho... Era bueno que se rebelara, porque es en esos momentos cuando se puede pulsar la tecla adecuada, para que dé un giro y empiece poco a poco a ver opciones que antes no veía. Es en ese momento cuando puedes empezar a enfrentarle a sus propios miedos. Le empecé a preguntar: dime quién es Tiger, qué ves en él... Es importante localizar el miedo, sentirlo y reconocer que lo estás sintiendo, para a partir de ahí enfrentarse a él e ir hacia adelante. Si no ves y localizas el miedo, al enemigo entre comillas, no te puedes enfrentar a él. Hubo una gran tensión emocional en la conversación y recuerdo que a mí se me erizaban los pelos al ir viendo poco a poco como una persona va encontrando ese punto en el que desmontar al mito, casi igual ahora, tiempo después, cuando lo estoy recordando. El hecho de enfrentarte a un miedo te hace ver quién eres tú en el fondo, así que le dije a Jon: mírale a él, a Tiger, dale las gracias por hacerte ver quién eres y a jugar», explica el 'coach'.

«Poco a poco Joseba me fue calmando. Estaba tan acelerado que ni siquiera me había dado tiempo a entender otra cuestión muy simple, y es que el punto que iba a jugar el domingo no tenía por qué ser decisivo con la ventaja que teníamos en el marcador, circunstancia que me podía ayudar a afrontar la situación con algo más de calma, pero es que yo sólo pensaba que tenía que ganar como fuera y no veía cómo hacerlo ante Tiger Woods, tal y como estaba mi juego», remata el vasco.

Lo siguiente fue la cena del equipo. Es sencillo imaginar el ambiente en esta reunión, relajado y divertido, tal y como iban las cosas para Europa, pero con continuas llamadas a la prudencia y a la moderación. «Hablé con Tommy Fleetwood, que además se había enfrentado a Tiger, junto a Molinari, tres veces esa semana, ganando las tres. Tommy se puso muy serio y dijo que sí, que Tiger era el mejor jugador de la historia, pero que tenía que entender que yo ahora mismo podía ser mejor que él. Eres mejor que él, me repetía muy serio».

Cuando no se está delante, siempre es interesante 'asistir' a una charla de este tipo desde la memoria de cada una de las partes. Allí sólo estaban dos hablando, Jon y Tommy. El español ya ha evocado la escena y ahora le toca al inglés. «Recuerdo que Jon se acercó a mí el sábado y me preguntó algunas cosas, porque creo que ese año, o incluso los dos años anteriores, yo había jugado mucho con Tiger Woods. Me sorprendió que me pidiera a mí un consejo y aquello me demostró la gran personalidad que tiene. Podía haberle preguntado a cualquiera, pero él se sintió más cómodo preguntándome a mí y yo sólo le dije: mira Jon, tú eres mejor que Tiger Woods. Si juegas como Jon Rahm sabe jugar lo vas a hacer muy bien y vas a ganar. Por eso, después tuvimos un momento muy especial durante la celebración. Yo estaba muy contento por él, me hizo muy feliz que ganara el punto en los individuales. Creo que Jon creció durante la semana y fue un gran compañero de equipo. Fue fantástico ver su emoción cuando ganó a Tiger y ver cómo celebró luego la victoria del equipo... Jon Rahm va a ser uno de los pilares de la Ryder durante mucho tiempo».

A continuación, fue el capitán, Thomas Bjorn, quien cogió al español y con enorme serenidad comenzó a darle algunas claves que debía tener en cuenta. Aparentemente, el mensaje del danés no estaba descubriendo nada del otro mundo, como ahora se verá, pero Jon reconoce que le ayudó muchísimo para luego establecer una estrategia de juego y para poner orden y concierto en una cabeza que echaba humo. «Thomas me vio nervioso, me cogió aparte y creo que la charla con él fue la que más me ayudó, porque hablaba desde la experiencia. Me dijo que Tiger saldría a no cometer muchos errores, que no iba a fallar muchos golpes, que iba a meter muchos putts y a exprimir sus oportunidades y mis errores. Tienes que ganarle en su propio juego, me avisó. No puedes cometer muchos errores. Tienes que ir a calle, green, dos putts; calle, green, dos putts... Y así le ganas. Ahora estaba algo más tranquilo, aunque no dejaba de pensar que era complicado, pues tenía que cambiar mi forma de jugar y con la sensación de no estar pegando bien a la bola».

Los nervios y cierta sensación de incertidumbre eran inevitables, pero poco a poco Rahm iba aplacando el pánico. Después de la cena y las pertinentes reuniones, antes de acostarse, hubo una nueva llamada a Joseba del Carmen. Jon le comentó todo lo que Bjorn le había dicho y con el coach al otro lado del teléfono terminó de diseñar la estrategia, basándose en esa idea tan simple de decir y que pasaba en primer lugar por poner la bola en calle como fuera. «La idea era no forzar. Nos dijimos: con hacer bajo par, en ese campo, llegamos vivos al 18, fijo».

Hasta aquí, el plan de juego. Pero además podía venirle muy bien al joven vasco una estrategia mental y de eso también estuvieron hablando. «Le dije: vive el presente. Y hablamos de algo en lo que llevábamos tiempo trabajando: conectarse con uno mismo. Que no exista nada más en tu interior que esa paz que uno siente cuando ya ha decidido enfrentarse al miedo. Estuvimos de acuerdo en que a Tiger no le iba a asustar ningún nombre, quien fuera su rival ni todo lo que ha ganado, pero a lo mejor sí le podía impresionar ver cómo mantenía Jon la calma en momentos de alta presión», remata Del Carmen. La terapia urgente contra el pánico parecía ir dando sus frutos y el español cada vez tenía más clara y armada la actitud con la que afrontar el reto. «Decidimos que tenía que jugar al golf como si Tiger no estuviera allí. Que fuera un partido de match play contra mí mismo, yo solo contra el campo y contra mí. Así lo planteamos. Jugar muy metido en mí y en lo que yo hiciese, nada más. Con esos pensamientos me fui a la cama y la verdad es que dormí bien y me desperté muy descansado», concluye.

EL ÚLTIMO CABO SUELTO

Los individuales no comenzaban hasta recién pasado el mediodía, con el duelo Rory McIlroy-Justin Thomas, y Jon iba en el cuarto partido, así que había tiempo sobrado para realizar una última sesión de prácticas, con el objetivo de amarrar hasta donde fuera posible el último cabo suelto, que no era otro que la inconsistencia de su juego. Aquello eran palabras mayores, aunque no sería la primera ni la última vez que un jugador encuentra algo en la calle de prácticas, un detalle técnico que ayuda a ordenar algunas piezas, o sencillamente una buena sensación a la que agarrarse. Otras veces, por más que uno busque y rebusque, no termina de encontrar el clavo ardiendo al que asirse. Puede darse, incluso, el proceso inverso: jugadores que llegan serenos al calentamiento y se marchan al tee del 1 con la mosca detrás de la oreja después de haber experimentado algunas malas sensaciones, como si el cuerpo y la mente no quisieran ese día ponerse en armonía. En el caso que nos ocupa, parece que Jon vio algo más que una luz al final del túnel...

«Cuando me puse a estirar con Jimmy, estando en la mesilla, mientras calentaba, estuve hablando del swing con Adam (Hayes, su caddie). Adam es muy bueno en ese sentido. Buscábamos una sensación que me pudiera ayudar, un gesto concreto. Y me acordé de algo que ya había experimentado en el Open de España que había ganado unos meses antes. Me fui a patear y luego empecé a pegar golpes y comencé a sentirme cómodo poco a poco... Recuerdo que pegué bien con el driver, aunque quizá no tan bien con el hierro 4, pero sentía cierta comodidad, cada vez estaba un poco más a gusto, buscando y encontrando esa sensación. Así fui dando golpes y, cuando de verdad empecé a soltarme, ya noté que el tema estaba cambiando mucho».

No siempre ocurre, pero Jon Rahm había obrado el pequeño milagro. Cuanto menos, con aquel alivio recién hallado su confianza había ganado terreno. La pregunta del millón, por supuesto, es qué sensación era esa. Y Jon no elude la cuestión y trata de describirla.

«Básicamente, quería sentir la sensación de cargar el peso o la fuerza del swing en mi cadera derecha, no bascular, sentir que estoy rotando hacia ahí para luego poder soltar hacia la izquierda». Y concreta un poco más: «Es complicado de explicar, así, sentado, pero si estuviera dando bolas sería más sencillo. Se trataba de sentir que en el backswing el peso del cuerpo y la fuerza está todo en el interior de la pierna derecha, comenzando por la parte interior del pie derecho y siguiendo por la parte interior de la rodilla. Es como si todo lo cargaras entre la ingle derecha y el glúteo y bajando por ahí hasta la parte interior del pie».

Como se ve, difícilmente puede describirse de un modo tan físico una sensación que no deja de ser etérea. Y, si se mira bien, no es tan extraño que Jon acierte a hacerlo, pues entiende que aquella sesión de calentamiento resultaría determinante en su duelo ante Tiger. Y por tanto en su victoria. En su carrera.

Capítulo tercero: El gran duelo que cerraba una etapa

HOYO 1: TE MIRO, PERO NO TE VEO

Unos minutos después de las 12:30 del mediodía del domingo 30 de septiembre de 2018 Jon Rahm llegaba al tee del hoyo 1 del Golf National francés, puntual a la cita con Tiger Woods, con quien iba a medirse a partir de las 12:41 horas en el cuarto partido de la sesión de individuales de la Ryder Cup 2018. Por delante ya marchaban los tres primeros partidos, Rory McIlroy-Justin Thomas, Paul Casey-Brooks Koepka y Justin Rose-Webb Simpson, y el marcador después de las dos primeras jornadas de fourballs y foursomes era claramente favorable al bando europeo (10-6).

El jugador vasco, mientras calentaba y durante la marcha hacia el tee, había creado una burbuja aislante hecha de pura concentración, sin fisura alguna. Puede que en aquella hora previa al duelo te mirara, incluso a la cara, pero en realidad no te estaba viendo. Ni siquiera se percató de la presencia de Michael Jordan a los pies del mismísimo tee del 1. Y los miles de aficionados que abarrotaban la gigante grada que presidía el arranque del recorrido galo habían quedado reducidos a un tenue murmullo. Tan solo Lee Westwood, vicecapitán del equipo europeo, consiguió captar su atención unos segundos...

«Iba tan metido en lo mío que no tengo el recuerdo de nada concreto en el tee del 1. Sólo vi a Kelley, a Adam y el tee. No tengo el recuerdo de nada más. No veía a la gente ni tampoco a nadie del equipo, ni siquiera vi a Jordan, y es gracioso, porque ya es complicado no ver a alguien como él. De repente, me viene Lee Westwood y me dice: oye Jon, he oído a los americanos decir que si había alguien contra quien no quería jugar Tiger era contigo, te tiene miedo. Allí, lo primero que pensé fue que era una mentira de cuidado. Sigo creyendo que no era verdad, que se lo inventó para darme más confianza. El caso es que llegó el gran momento y Tiger pegó primero, a calle. Yo me puse ahí... Y pegué aquel hierro 4, el híbrido 4 que tengo para el tee, qué hierro pegué... O sea, que no he pegado nunca un hierro 4 mejor que aquel: en el centro del palo, perfecto de línea, clavado. Después de ese golpe me dije, oye, vamos bien, esto ya tiene que ir en cadena, porque no habrá ningún golpe más difícil que el del tee del hoyo 1. Tiger iba andando unos metros por delante de mí y mientras caminábamos una cámara se le acercó mucho y la apartó, pidiendo que le dieran espacio. Entonces, Lee volvió a acercarse y me dijo: ¿ves? está nervioso. Cualquier pequeño detalle que pueda reforzar tu confianza está muy bien, pero debo decir que yo salí a jugar aquel partido diciéndome: Tiger Woods no está aquí. Y es muy curioso, porque cuando me pongo a pensar en el partido, como ahora, no me acuerdo de la gran mayoría de sus golpes, quiero decir del swing, sobre todo los de los primeros hoyos. Recuerdo y veo la bola volar, pero su swing no lo veo».

Jon, sin embargo, aún conserva en la memoria una ingente cantidad de datos y circunstancias de su propio juego y de la situación de cada momento. «Tiger se había ido largo de una bandera que en el 1 estaba a la izquierda y a la altura del centro del green. Su bola estaba bien, en green, pero a unos ocho o nueve metros del hoyo. Yo tenía 118 metros al hoyo, con un poco de viento a favor de la derecha. Cogí el 52 grados, con la bola un poco más atrás y la intención de hacer un tres cuartos al draw. Y pegué el golpe perfecto, tal y como quería, impoluto. Botó corta de bandera, a dos metros, y la bola se quedó a algo más de un metro del hoyo. Mientras preparaba el putt de birdie estaba muy nervioso, de lo más nervioso que he estado nunca, lo recuerdo muy bien, porque era una opción de ponerme uno arriba nada más empezar. Pero lo metí. Birdie y uno arriba. Buen tema haber empezado con un hoyo perfecto».

UN ÚLTIMO Y NECESARIO PARÉNTESIS

Cuando Jon Rahm se dirigía al tee del hoyo 1 del Golf National para encontrarse allí con Tiger tan solo habían pasado dieciséis años desde que diera su primera clase de golf con Jorge Losada, en Martiartu. Del mismo modo, cuando Jon iba al encuentro de aquel a quienes muchos consideran el mejor jugador de la historia, tan sólo habían transcurrido diez años exactos desde que Edu Celles le impartió la primera clase. Y cuando se dice diez años exactos, no es una manera de hablar. Celles conserva el dietario de clases de aquel año, 2008, en el que aparece por primera vez apuntado el nombre de Jon Rahm a las 16 horas del 30 de septiembre. O mejor dicho: en realidad aparece el nombre de su madre,

Ángela, que acompañó al muchacho y que había concertado la cita. No deja de ser curiosa la absoluta redondez del aniversario.

Como ha quedado dicho y explicado, era la primera vez que Jon iba a jugar con Tiger, así que todavía está por escribir hasta dónde puede llegar esta rivalidad, teniendo en cuentas que el de Cypress es casi diecinueve años mayor. Porque de eso, de rivalidades concretas, con nombres y apellidos, también está hecha la carrera de un jugador en todas y cada una de sus etapas. Jon, por ejemplo, podrá competir —ya lo está haciendo— con lo más granado del golf planetario por los Grandes, por el trono mundial, por una Ryder o por cualquier otro objetivo glamuroso, pero jamás olvidará aquella primera gran rivalidad, la que mantuvo con Guillermo Retana, que era seguramente el mejor jugador del País Vasco en edad infantil y con quien, año tras año, tuvo que luchar a brazo partido por demostrar quién estaba por encima. Tanto es así, que Jon no duda ni un instante cuando se le pregunta por el nombre del primer gran rival enconado al que tuvo que hacer frente. «Fue Guilermo Retana. Con él, que jugaba por Basozábal, competí mucho. Me picaba mucho, pero sobre todo en el campo de golf, porque nos hicimos amigos y, de hecho, yo luego estuve en su casa de Donosti y él también vino a la mía».

El jugador de Barrika entiende que aquel partido ante Tiger en la Ryder, ocurra lo que ocurra después, siempre marcará un antes y un después en su carrera y el punto final a una etapa. También Celles, que lo conoce bien, lo entiende así: «aquel partido marcó su definitiva eclosión, porque según como yo lo veo confirmó que es un jugador especial, uno de esos pocos que guardan una sexta marcha». Por todo ello, una vez grabada la línea que marca el antes y el después, cabía una última mirada atrás, al antes del antes, a sus primeros años de formación, casi como un simple homenaje. Pero a partir de este instante ya no hay vuelta atrás y se abre paso como alud imparable el gran duelo, desde donde lo habíamos dejado, en el tee del hoyo 2, y hasta el apoteósico final, con las cavilaciones, cálculos y otras interioridades de Jon al detalle, como jamás habían sido contadas.

HOYO 2: UN HIERRO 5 UNTADO DE ADRENALINA

¿Le dio tiempo a Jon a mirar la pantalla de resultados antes de subirse al tee del hoyo 2? Si le dio tiempo, desde luego no lo hizo. Pero sirva como apunte: cuando el español hizo el birdie en el 1 y se puso uno arriba, Rory acababa de situarse también uno arriba ante Justin Thomas —al final, el norirlandés perdería el partido—, Paul Casey y Brooks Koepka iban empatados y Webb Simpson acababa de ponerse por delante de Justin Rose en el hoyo 2, uno arriba. Él había roto la igualdad y además Europa partía con ventaja en la jornada final (10-6), por lo que puede decirse que todo iba sobre ruedas. Luego cambiarían las cosas, hasta el extremo de que los estadounidenses llegaron a soñar con repetir el milagro de Medinah, esta vez a su favor, y el punto de Jon ante Tiger llegó a antojarse de vital importancia para los anfitriones, tal y como luego reconocería Thomas Bjorn, capitán continental.

«En el par 3, hoyo 2, tenía ahora algo de viento en contra de la izquierda y el hierro 5 era el palo. Pegué un misil, bola más bien baja, perfecta, a bandera, aunque se fue larga, al bunker de atrás, yo creo que porque la había pegado muy fuerte por la adrenalina. Pero bueno, así, de entrada, visto desde el tee, no estaba en muy mal sitio, ya que Tiger se había ido a la derecha. Luego ya vi que no era una sacada de bunker nada sencilla a una bandera que recibía cuesta abajo, con algo de viento a favor y con el agua detrás. Pero me puse ahí y la dejé dada para par, mientras que Tiger se había dejado un putt curioso para salvar el par y empatar el hoyo. Cuando lo metió recuerdo muy bien que me fui muy tranquilo andando hacia el tee del 3. Por un lado, yo seguía uno arriba, pero es que además me había hecho a la idea antes de salir a jugar de que él iba a meter todos los putts de par, como me dijo Thomas Bjorn que iba a ocurrir, los tirara desde donde los tirara. Así que no me impresionó ni afectó que lo metiera».

HOYO 3: TIGER NO DA NI LA HORA

El primer par 5 del Golf National en el que se puede llegar de dos a green, mucho más con algo de viento a favor, que es el que había. El duelo no estaba más que empezado, como quien dice, pero el Tigre necesitaba apretar e igualar cuanto antes. Jon continúa: «esa era una salida complicada para mí, con agua a la derecha, y salí con hierro porque había viento a favor. Yo creo que todos salíamos allí con hierro aquel día y Rory, según me contó luego, casi se pasa la calle saliendo con hierro, porque allá adelante el fairway se interrumpe con rough y agua. Igual que en el hoyo 1 y en el 2, le pegué muy duro a la bola, bien 'empalao', con el hierro 3 que tengo, que está un poco más cerrado y es casi un hierro 2. La bola salió por la izquierda, al fade, y fue a calle, e hizo bastantes metros rodando. Bien. Ya sabía que iba a poder tirar de dos a green. Tiger también estaba en calle y de segundo tiro pegó una madera 5, creo, que salió hacia abajo a la izquierda, a la zona de los árboles, y yo un hierro 6 al centro del green, un poco por la izquierda. Del siguiente golpe de Tiger sí que me acuerdo muy bien, porque yo estaba esperando en el green y lo vi todo. Él estaba a la izquierda, cerca del green, que le recibía cuesta abajo, y con un bunker en medio que le entraba en juego, e hizo un globo largo muy bueno, un golpazo. Su bola botó en green y se quedó a unos dos metros para birdie. Ahora tenía yo mi putt de eagle, muy largo, no sé, quizá eran doce o trece metros. Recuerdo estar tranquilo mientras preparaba el putt. Estaba cómodo, digamos. Y es que normalmente, cuando estoy con mucha presión, el palo con el que suelo estar más cómodo es el putter, no sé por qué. Tiro el putt, la bola va rodando perfecta y empiezo a pensar, joder, cómo la meta se va a liar gorda. Pero justo al final la bola no cayó y se queda pasada del hoyo, aunque muy cerca, como mucho a dos pies. Vamos, que se me queda un putt de vuelta de birdie dado de toda la vida... Pero Tiger no me lo da. Entonces me dije, joder, vaya, vaya, él está esperando que yo falle, y me acordé otra vez de lo que me había dicho Bjorn: Tiger estará esperando siempre tu fallo. Y me respondí allí mismo: no, eso no va a pasar. Y no pasó. Tiger embocó su putt de birdie y yo el mío y seguíamos uno arriba yendo al tee del 4».

HOYO 4: PRIMERA ENCRUCIJADA IMPORTANTE

Al fin llegaba la hora de desempolvar el driver, sin duda uno de los palos preferidos de Jon Rahm, aunque no iba a pegar muchos ese día. «El hoyo 4 fue el primero en el que cogí el driver. Hostiazo. Le pego un viaje perfecto y Tiger se va al rough de la izquierda. Desde el fairway tenía un hierro 6 y Tiger, con la bola en un rough profundo, tuvo que sacarla a calle, a colocar. Yo tenía la ventaja, pero le pegué un poco pesada y me quedé corto, en green, pero muy lejos de la bandera. Tiger la había dejado a unos dos metros para salvar el par y yo me pasé mucho con el primer putt e incluso la dejé un poco más lejos que él. Un fallo importante, porque además me había dejado un putt muy complicado de vuelta para salvar el par, cuesta abajo. Pero tengo que decir que el siguiente putt lo tiré como quería, aunque también lo fallé. Entonces, mientras Tiger se preparaba para el suyo, yo me estaba diciendo: vale, Tiger lo va a meter y salimos empatados al hoyo 5, no pasa nada, no te enfades por esto, has tirado el putt como querías, igual no lo has leído bien, pero lo has tocado muy bien, ha sido un putt muy bueno, no te enfades... Yo creo que él se dejó influir demasiado por la caída que había visto en mi putt, porque el mío no cayó del todo y el suyo sin embargo cayó mogollón y lo falló. Mira qué bien, seguía uno arriba y él había fallado por 'mi culpa' un putt que era para ganarme el hoyo».

Este, desde luego, había sido un momento importante en la vuelta, teniendo en cuenta la especial idiosincrasia del match play: es posible que a Jon le hubiese costado digerir más de lo que él piensa a toro pasado el hecho de perder un hoyo donde tenía tanta ventaja de salida, con Tiger en el rough profundo, a la izquierda de la calle. El estadounidense había enchufado buenos putts en los hoyos 2 y 3 para empatarlos, pero fallaba el primero que tenía para ganar.

HOYO 5: UN PUÑO AL VIENTO

Continúa el de Barrika: «La salida del hoyo 5 no tiene demasiado. Puedes pegar un hierro 5 a calle. Se trata de ponerla en calle y ya está. Eso hicimos los dos sin mayores problemas. Después, él pegó un buen golpe y se dejó una opción de birdie, tenía un putt de unos cuatro o cinco metros, creo yo. Yo estaba un poco entre palos, entre el pitching y el 52. Pero la pego un poco limpia, sale baja y me quedo corto, en un bunker. La sacada no era nada sencilla, estaba muerto, y me dejo un putt de par de unos tres o cuatro metros. La verdad es que Tiger tiró un putt muy bueno de birdie, pero el caso es que no la metió, así que yo tenía por primera vez la opción de hacer algo que podía fastidiarle bastante, como era salvar un par que se me había complicado mucho, porque además él venía de fallar uno para ganar el hoyo, así que podía ser uno de esos momentos importantes de un partido. Lo metí y lo celebré mucho con el puño. Seguía uno arriba después de arreglar un hoyo que tenía pinta de bogey, y eso cuenta».

En efecto, visto desde la distancia, da la sensación de que este hoyo fue importante, sobre todo porque Jon había conseguido mantener la iniciativa en el marcador, corta, pero iniciativa al fin y al cabo, cuando su juego había flaqueado ligeramente. Además, fue la primera vez que Jon le hace sentir en los greenes a Tiger que era un perro de presa que uno no puede quitarse de encima así como así. El mensaje que le lanza el español es claro y lleva un matiz presionante, incluso a pesar del error en el hoyo anterior: si quieres ganarme vas a necesitar birdies.

HOYO 6: METER PRESIÓN DESDE EL TEE

«El recuerdo que tengo de ese tramo del partido, hoyos 5, 6 y 7, es que empecé a pegar algunos malos golpes. En el hoyo 6 tenía otro hierro en la mano desde el tee y me fui al rough de la derecha. Yo estaba pegando primero en todos los hoyos, salvo en el 1, y en un campo como el del Golf National, tal y como estaba preparado aquella semana, donde lo más importante era coger la calle, eso puede ser una ventaja si de verdad vas bien desde el tee, porque metes presión a tu rival. En aquel hoyo 6 no lo había conseguido, pero afortunadamente Tiger también se fue al rough y recuerdo que pensé que él sentía también esa presión de verse obligado a cazar calles. Sí, creo que él tenía presión en ese sentido. De todos modos, los dos cogimos el green en regulación, aunque teníamos putts largos. Tiré un buen putt, con una línea muy buena y casi lo meto. Él tampoco metió el suyo. Un hoyo menos y seguía uno arriba».

Es cierto, todo seguía igual. Tiger también anduvo muy cerca de enchufar su puro, pero luego aún tuvo que embocar un putt delicado de vuelta para salvar el par, en torno al metro de distancia.

HOYO 7: EL GOLF Y EL AZAR VAN DE LA MANO

Después de algunas idas y venidas, con alternativas en el juego y un marcador ciertamente ajustado, este hoyo iba a darle un empujón a Jon, que al menos se consolidaba al mando de las operaciones. El jugador español explica, además, que en este volantazo tuvo algo que ver el azar, la suerte. Nada extraño, por otro lado, cuando estamos tratando del deporte más azaroso e imprevisible de cuantos hay.

«En este hoyo, en general, tuve suerte. De entrada, porque Tiger falló la calle y hacerlo en el hoyo 7 es poco menos que estar muerto. Eso sí, antes de que él fallara el disparo desde el tee yo había pegado una salida perfecta, metiendo presión. Tiger tuvo que limitarse a sacarla a calle desde el rough y yo tenía un hierro 7 de segundo tiro y quería pegar una bola baja al fade. Y esto me hace gracia sólo de recordarlo porque es puro golf y mucha suerte: pegué un filazo... La pegué fatal. Mal no, lo siguiente.

Un filazo puro y duro. Pero el vuelo de la bola fue bueno, botó corta y empezó a rodar y rodar hasta quedarse a la altura de la bandera, a unos cuatro metros. La bola estaba donde yo quería y había planeado, pero el filazo había sido terrible. Puro golf: aquí tuve mucha suerte y otras veces pegas golpes muy buenos, exactamente como querías pegarlos, y te acabas metiendo en un grave problema. Tiger, sin embargo, estaba de tres en green y más lejos que yo. Hizo dos putts, bogey, y yo también y gané el hoyo. Dos arriba, pues mira que bien, ahí vamos».

El jugador español, en efecto, había cumplido con uno de los principios básicos del deporte de competición y del golf y que viene a decir algo así como esto: si la buena suerte está contigo, trátala bien y aprovéchala, porque de otro modo se puede enfadar e irse con el rival.

HOYO 8: TIGER SE AGARRA A LA HIERBA

«En el hoyo 8, par 3, teníamos viento en contra y yo tuve que pegar un hierro 6. La dejé en green, no sé, a unos ocho o nueve metros a la izquierda del hoyo. Tiger, más de lo mismo, porque falló el green y justo en este hoyo no es nada sencillo hacer approach y putt si fallas la salida. Aprochó él primero y la dejó a unos dos metros, pero en este hoyo iba a ocurrir una cosa, otro pequeño detalle que me iba a demostrar algo: yo tiré mi putt de birdie y dejé casi dado el par, pero una vez más no me lo concedió. No me concedió ningún putt cortito ese día y de alguna manera me hizo pensar que él no estaba muy seguro. De todas maneras, él metió su putt de dos metros para salvar el par, pero no me cogió desprevenido: yo seguía muy despierto y con la idea clara de dar por hecho que él metiese todos esos putts, para así evitar que me afectara».

En vista de esta capacidad que destaca Jon Rahm, la de dar por hecho el acierto del rival en el momento oportuno, hay que señalar que uno de los mejores jugadores del mundo de match play, Ian Poulter, siempre la destaca cuando le preguntan cuáles son las claves fundamentales de este formato. Casi se trata de un puro juego psicológico, pero el inglés entiende que ese esfuerzo mental es de vital importancia.

Además, puede anotarse un lapsus en la memoria de Jon, porque la realidad es que Tiger le acababa de conceder un putt en el hoyo 7. Aunque también conviene aclarar: aquel segundo putt que tenía el español en el 7 era de apenas un palmo y hubiera sido más que ridículo hacerle patear. Es obvio que Jon se refiere a todos esos putts en torno a los cuarenta o cincuenta centímetros, que suelen concederse en muchas ocasiones.

HOYO 9: PELIGROSO CAMBIO DE RUMBO

En el hoyo 9, segundo par 5 de la primera mitad del recorrido galo, el partido entre Jon y Tiger, como se verá y muchos aficionados recordarán, toma un rumbo distinto y peligroso para el vasco. Woods necesitaba algo especial para hacer dudar a su oponente y, a la vez, ganar la confianza necesaria. Y vaya si lo logró.

«En el hoyo 9 cambia la dinámica del partido a su favor. Tiger pegó una buena madera 3 a calle desde el tee y yo me decidí por el hierro 3, pero no lo pegué perfecto y ya sabía que me iba a costar muchísimo llegar al green con el segundo tiro, si es que podía. Así fue: pegué una madera 3 para tratar de dejarla cerca y a continuación él pegó la madera 5 del siglo para dejarla en la parte de arriba del green y a cuatro metros de la bandera, una gran oportunidad para hacer el eagle. Mi approach fue bastante bueno y la dejé a metro y medio o algo así, pero él la metió. A partir de ese mismo momento creo que lo más importante y mi gran acierto fue lo que yo mismo me iba diciendo mientras caminábamos hacia el tee del hoyo 10, porque estaba claro que él tenía que hacer algo muy bueno en algún momento. Salí de allí diciendo: ha tenido que hacer eagle para ganarme un hoyo, porque si él falla yo iba a meter el mío de birdie para empatar, seguro, o al menos eso es lo que yo me decía. Así salí del hoyo. Punto. Era Tiger Woods y es golf: tenía que ocurrir que hiciera algo muy bueno y ocurrió».

Jon y Tiger remataban así los primeros nueve del Golf National. Es cierto que el español seguía mandando en el marcador, pero también lo es que la madera 5 del de Cypress en la calle del 9 podía tener un efecto devastador. Su gesto de rabia y euforia al embocar el putt de eagle, como en los viejos tiempos, era algo más que una declaración de intenciones . Necesitaba un golpe de efecto y lo había producido con el que probablemente fue el mejor disparo de la jornada en el Golf National. Nadie más hizo eagle allí, porque la situación de la bandera, colocada en la plataforma intermedia, la más alta del green, corta y en la línea de un bunker, demandaba sencillamente un tiro perfecto, y no hace falta recordar qué jugadores pululaban aquella semana por el Golf National, en la Ryder Cup con mejor promedio de ranking mundial de la historia: estaba el top ten mundial al completo y había 17 del top 20, entre los que se encontraban pegadores de la talla de Johnson, McIlroy, Koepka o el mismo Rahm.

Es cierto que Tiger venía de ganar justo la semana anterior el Tour Championship, torneo final de la FedEx Cup, acabando con una sequía de más de cinco años, y es seguro que su cabeza no estaba en tierras francesas todo lo fresca y despierta que debiera en una Ryder Cup, porque el desgaste emocional durante la semana exitosa en Atlanta había sido terrible. Sin embargo, hacía muy bien Jon Rahm en no confiarse. Porque si algo quedó claro es que la reacción del Tigre no le pilló con la guardia bajada.

HOYOS 10, 11 Y 12: JON SE ACUERDA DE RAFA NADAL EN MEDIO DEL TEMPORAL

Si hacía falta una prueba que confirmara que Rahm no se está hoy engañando a sí mismo y, desde luego, recuerda los hechos y sus disquisiciones interiores tal y como fueron, disponemos de la más convincente de todas: el resultado puro y duro. Si somos generosos y le anotamos, en efecto, el birdie en el 9, donde tenía una buena opción de metro y medio, resulta que pasó el tramo entre los hoyos 9 y 12, precisamente donde Tiger elevo el nivel, con un parcial de -1, que no estaba nada mal: sólo cuatro jugadores le superaron aquel día en aquella esquina del campo con un parcial de -2 (Casey, Finau, Dustin Johnson y Reed), además de Tiger, el mejor de todos, que lo saldó con -3.

«En los hoyos 9, 10, 11 y 12 empezó a jugar muy bien y pegó muy buenos golpes. Pero es que yo también lo estaba haciendo. En el 10 la cosa estuvo pareja e hicimos los dos el par y en el 11, par 3, yo tenía una opción de birdie incluso mejor que la suya. En el 12 también tuve opción de birdie, pero él metió un putt larguillo de unos seis metros y yo no, tiré un putt muy malo. La verdad es que él estaba pateando ahora muy bien: metió el del 12, pero en el 10 y el 11 había tirado también muy buenos putts. Creo que yo me estaba defendiendo muy bien, haciendo pares que no eran nada malos en ese campo. Además, si te ganan hoyos con eagles o birdies, no puedes lamentarte por nada, hay que seguir».

Es cierto. El despertar de Woods era un hecho, pero Jon Rahm no se vino abajo en ningún momento, plantando cara y replicando. De todos modos, el partido estaba empatado al salir del green del 12, justo cuando un duelo de match play entra en su fase decisiva. Y en algún momento de aquella furiosa lucha el de Barrika se acordó del de Manacor, Rafa Nadal. «Una vez había escuchado a Nadal decir una cosa acerca de Roger Federer y la famosa final de Wimbledon: hay rachas de Federer de puro genio en las que lo único que puedes hacer es esperar a que termine... Pues eso. Entonces yo me dije: puede que éste sea el momento de genio de Tiger, que había empezado en el hoyo 9, y hay que esperar a que termine. Porque también pensé: él no ha jugado muy bien los primeros hoyos, así que seguro que entre el 13 y el 18 va a volver a fallar algún golpe, fijo que va a ocurrir, va a pasar. Y mira, yo me iba agarrando a esos pensamientos justo cuando llegamos al tee del 13...».

HOYO 13: LOS PUÑOS TAMBIÉN SE SACAN EN EL TEE

«Tiger pegaba primero en el tee del hoyo 13, como había sucedido en el 10, 11 y 12. Yo creo que el peor hoyo para fallar la calle en el Golf National es el 13. No hay uno peor, ni siquiera el 4 o el 7, y Tiger falló por la izquierda. Me tocaba a mí y, la verdad, es una calle que se me hace difícil, pero cogí un hierro 4 normal y salió perfecta a calle. Pocas veces he sacado el puño desde el tee, pero de allí salí celebrando, porque me dije, este hoyo está ganado. Y veníamos de donde veníamos. Tiger la tuvo que sacar a calle, luego hizo dos putts y bogey. Yo, lo mismo, dos putts en el green y par. Me ponía de nuevo uno arriba».

Si hubiera que ponerse de acuerdo para, en un plano teórico de manual, situar el hoyo donde suelen decantarse hacia uno u otro lado los partidos de match play, seguro que el 13 sería finalmente el escogido. Y allí, en el 13, la tormenta desatada por Tiger parecía tocar a su fin. Lo hacía además de un modo casi abrupto, puesto que el norteamericano, que llevaba cuatro hoyos sin fallar ni un solo golpe, iba a equivocarse en el peor de los lugares, donde menos margen de maniobra y corrección tiene, incluso, uno de los mejores escapistas de todos los tiempos. En el hoyo 13 del Golf National, si estás fuera de posición, prepárate para lo que te espera. Si fallas por la derecha lo normal es que estés en el agua; si lo haces por la izquierda, como era el caso, y sobre todo con el rough que había aquella semana, se hace poco menos que imposible tirar a un green que está defendido en el frente por un obstáculo de agua. Jon recuperaba de golpe y porrazo el manojo de las tres grandes llaves en un duelo cara a cara: ventaja en el marcador, confianza en el juego e iniciativa o 'momentum'.

HOYO 14: UN 'DEJÀ VU' DE LO MÁS OPORTUNO

El hoyo 14, pletórico como llegaba Jon del 13, podía ser un gran momento para poner de nuevo tierra por medio. Se trata del último par 5 del recorrido galo y el plan del español era bien sencillo de trazar: «En ese hoyo hay que pegar una buena salida, y larga, para ir de dos a por el green, así que sólo pensé que con un buen drive igual yo era capaz de llegar de dos y él no, porque estaba pegando más largo que Tiger». Iba a ser su segundo drive del día.

Por otro lado, había que ver cómo era capaz de digerir Tiger el tropiezo, después de haber llegado a igualar el partido, y el primer síntoma no fue nada bueno, pues fallaba de nuevo la calle en el 14.

«Conseguí pegar ese drive que quería, o al menos uno bastante bueno, a calle, pero él se fue de nuevo al rough. Y recuerdo que pensé en lo fantástico que era haberle podido cambiar la dinámica de juego a Tiger Woods, pegando otra vez primero desde el tee y metiéndole presión al coger la calle. Su segundo golpe tampoco fue bueno y falló a la derecha, mientras que yo trataba de ir de dos y me iba atrás del green, por la derecha. Él estaba teniendo más problemas pero no me acuerdo bien cómo fue... El caso es que tenía un putt para salvar el par de un metro y medio o algo así, mientras que yo había hecho un buen approach y tenía una opción de birdie algo más larga. Era un gran momento: tiraba yo primero y si la metía me ponía dos arriba. Y tiré muy bien aquel putt, pero caía bastante más de lo que pensaba y lo fallé justo por el borde bajo. Gracias a Dios, al igual que en el 4, yo creo que él se fijó demasiado en mi putt y, al contrarrestar demasiado, lo falló por el lado alto. Nada más ganar el hoyo, recuerdo que pensé: puestos a elegir, prefiero haber ganado el hoyo fallando él su putt, porque acaba de perder dos hoyos por errores de él y eso es como un frenazo en seco». Y no estaba equivocado, ciertamente, pues Tiger, con el agua al cuello ya no fue capaz de tomar de nuevo la iniciativa, yendo más a remolque, aunque aguantara con mucho oficio y sin entregarse, hasta el punto de volver a meter en serios problemas al español.

HOYO 15: UNA NUEVA E IMPACTANTE OLA DE PRESIÓN

Llegados a este punto del duelo, ahora toda la obsesión de Jon Rahm era seguir metiendo presión a su rival desde el tee. Lo primordial era eso, no darle ni un respiro y que necesitara birdies para recuperar el terreno.

«Lo sé, la calle del 15 es ancha —en efecto, es la más ancha del Golf National, con algún tramo en el que llega a haber hasta 43 metros de lado a lado de hierba segada al ras, también aquella semana—, pero lo importante era ponerla en calle y la salida de este hoyo tampoco me entra muy bien por el ojo, se me hace un poco incómoda. Cogí de nuevo un hierro largo, no me hacía falta más, aunque teníamos algo de viento en contra de la izquierda, y pegué de nuevo otro buen golpe, un hierrazo que llevó la bola al centro izquierda de la calle. Quien tuvo ahora un poco de suerte fue Tiger, porque pegó un draw, la bola se iba yendo demasiado hacia la izquierda y yo creo que el viento la aguantó lo suficiente para que se quedara justo en calle. El segundo tiro él lo dejó en green, pero muy pasado de bandera, tenía un putt largo. En cuanto a mí... Me acuerdo perfectamente de cómo preparamos aquel segundo golpe. Lo veo todo como si fuera hoy. Estaba un poco en cuesta abajo, tenía 130 metros y un poco de viento en contra, así que decidimos pegar tras cuartos de hierro 9. Tal y como yo lo veía, no podía fallar a la izquierda y por la derecha tenía mucho green, por la situación de la bandera —el green del 15 del Golf National te recibe con agua a ambos lados, pues está situado en una amplia isla a la que hay que acceder a través de un puente que comparte con el green y aledaños del hoyo 18—. Decidimos que había que ser agresivo y apuntar a bandera para darse una opción de birdie y también por otra razón: si apuntaba al centro del green y fallaba el golpe me podía ir al agua por la derecha. Cuando vi salir la bola, baja y tendida, en línea casi perfecta y directa a bandera me dio tiempo a pensar algunas cosas mientras volaba, me acuerdo muy bien: venga, vamos, si la dejo cerca aquí me puedo poner tres arriba y estaría casi hecho, puedo ganar el partido en el 16... Pero se ve que la bola iba un pelín más baja de lo que debía, botó en bandera y se fue larga unos seis metros. No había salido exactamente como esperaba, pero estaba contento porque había sido agresivo».

En el instante en el que Adam Hayes limpió y guardó en la bolsa el hierro 9 de Jon, mientras el jugador español caminaba rumbo al puentecito que los llevaba al green, se ponía en marcha un maquiavélico mecanismo, tan propio de una Ryder Cup. A la presión del momento propio, el de su partido contra Tiger, se unía otra impactante ola de tensión y nerviosismo, porque fue allí, durante aquel paseíto corto hacia el green, cuando Jon fue por primera vez consciente de que la Ryder se había puesto muy cuesta arriba. Fue allí donde por primera vez miró con cierto detenimiento en una pantalla gigante cómo estaban las cosas. Fue allí, en definitiva, donde se hizo cargo de que su partido era el primero que podía caer a favor de Europa de los primeros seis, que se dice pronto, y que por tanto Estados Unidos estaba cumpliendo con la primera parte del plan para levantar el 10-6 y replicar el Milagro de Medinah, que consistía en sumar pronto los primeros puntos y llenar de color rojo la primera mitad de la pantalla.

Esta es la reconstrucción casi exacta de lo que Jon vio en aquella pantalla:

—Por delante de él Rory ya había perdido el primer partido ante Thomas (1 arriba para el estadounidense), Casey había empatado con Koepka y Rose también había perdido contra Simpson (3 y 2).

—Pero es que, además, justo por detrás de él y de Tiger, Fleetwood ya había caído ante Finau por 6 y 4. Todo eso ya estaba sumado en el marcador y la amplia ventaja europea del inicio había quedado reducida a la mínima expresión, pues el resultado en ese momento era de 10,5-9,5. Sólo el ajustadísimo empate de Casey —había igualado su partido en el hoyo 17— daba un poco de aire a los de Bjorn.

—Para colmo, el sexto partido, en el que venían Poulter y Dustin Johnson, en aquel momento estaba empatado y cualquier cosa podía suceder. Y por detrás, mandaba Europa, pero no había nada atado, mucho menos si se hubiera confirmado la debacle continental en los primeros seis partidos, lo que hubiera dado alas a los de las barras y estrellas y puesto en serios aprietos a los locales, tal y como ocurriera a la inversa en Medinah: Olesen y Stenson sí gobernaban con mano firme sus duelos ante Spieth y Bubba, Sergio y Molinari iban ganando a Fowler y Mickelson, pero sin grandes ventajas y con muchos hoyos por delante, Reed se iba imponiendo a Hatton, mientras que Noren y DeChambeau, en el último duelo estaban empatados. De acuerdo: Europa terminaría venciendo por paliza, pero cualquiera que estuvo allí sabe que durante un tiempo flotó un tufillo a tragedia para Europa en el templado cielo de aquel domingo de otoño parisino.

«No quería saber, no quería mirar la pantalla, pero en la del 15 no me quedó más remedio que hacerlo —explica el español—, porque era gigante. Y tengo que reconocer que sentí la presión del momento: Rory y Justin habían perdido, Paul había empatado, creo que Fleetwood, que iba por detrás de nosotros, había perdido también su partido... Además, estaban por allí, en el green del 15. La dinámica de la Ryder había cambiado y yo me acababa de dar cuenta de que el siguiente partido en acabar era el mío y que todo estaba muy apretado. Tiger falló su largo putt de birdie y cuando yo estaba mirando el mío sentía toda esa presión añadida. Leí mal el putt, no cayó la bola, aunque la dejé dada. Ahora era yo quien había caído en la trampa por fijarme mucho en lo que hizo el putt de Tiger, a lo mejor por el nerviosismo. Pero bueno, seguía dos arriba y sólo tres hoyos por jugar».

HOYO 16: MEDIO MINUTO QUE SIGUE CORRIENDO Y QUEDARÁ PARA SIEMPRE

Poco más de treinta segundos tardaba en recorrerse, tal y como estaba acotada y dispuesta el área, el caminito cuesta arriba que llevaba del green del hoyo 16 al tee del hoyo 17 del Golf National. Aquel medio minuto largo aún se desparrama libre y desbocado, como un potro salvaje, en la cabeza de Jon Rahm. Todavía le hierve la sangre al recordarlo, después de todo lo que había pasado en aquel hoyo 16, par 3, donde incluso podía haber zanjado su duelo con Tiger Woods y, a cambio, se había metido en un lío importante con un bogey inoportuno que dejaba su ventaja en un amenazante 1 arriba, en plena remontada de las barras y estrellas.

Vayamos por partes. Y lo primero es el relato de Jon acerca de lo que ocurrió en el hoyo. «Teníamos viento en contra de derecha a izquierda. Pego yo primero tres cuartos de hierro 8, pero la bola no abrió lo suficiente hacia una bandera que no era precisamente la más fácil en este hoyo, aunque se quedó en el green, a unos diez metros del agujero. Tiger, sin embargo, pega un golpe muy bueno y se deja una opción de birdie de unos cuatro metros. Vale. Mi primer putt fue seguramente el más dubitativo del día, sin la confianza necesaria. Estaba yo ahí pensando, no te pases mucho, no te pases mucho, y terminé pegando mal a la bola y quedándome un metro y pico corto y por la derecha. Luego Tiger falla su putt de birdie, hace par, y yo fallo el mío y pierdo el hoyo. Ahora, cuando pienso en ello, lo tengo claro: fue por la presión del momento. Me parece que lo peor que puedes hacer es regalarle un hoyo a tu rival cuando queda poco para el final, mucho más si tu rival se llama Tiger Woods y todos sabemos ya que su punto es vital para Estados Unidos. Así que lo que hice yo en el 16 es lo peor que se puede hacer».

A partir de este momento comienza el rotundo discurrir interno de Jon, descrito hoy casi como si lo estuviera viviendo en tiempo real. La cuenta atrás de aquel medio minuto largo se había puesto en marcha. «No me enfadé. Fallé el putt, cogí la bola y me tomé mi tiempo. Pasé al lado de Thomas Bjorn, que me dijo algo, pero ni lo oí. O no me acuerdo. También Justin Rose. Y mientras caminaba al tee del 17 empecé a pensar: quedan 17 y 18 y estoy uno arriba. Si hago par y par, gano. Él tiene que hacer birdie y birdie para ganar y no lo va a hacer. Voy ganando yo. Yo estoy al mando. Tengo las riendas. De este modo yo creo que primero frené el enfado por lo que acababa de suceder y luego, inmediatamente, me fui creciendo: no esperes a que venga a ti la victoria, ve tú a por ella. Me decía cosas así y cuando llegué al tee del 17, de verdad, me sentía confiado y muy agresivo.»

No es que no se enfadara. Seguramente es que acertó a transformar el enfado en energía positiva. «A tomar por culo, vamos ahora a por todas», puntualiza a día de hoy el de Barrika de un modo expresivo, recordando el remate aproximado de aquella pasmosa conversación que mantenía consigo mismo. Una reflexión de medio minuto largo, cruda y lúcida en el arranque, que había ido 'in crescendo' hasta el punto, tan español, de sentir que a las malas había que morir matando.

HOYO 17: UN DESENLACE QUE LO SEÑALA COMO UNO DE LOS 'ELEGIDOS'

Entonces, ya no había vuelta atrás. La estrategia era tan simple como rotunda en el segundo par 4 más largo del campo, el hoyo 17: agarrar por tercera vez en el día el driver (antes, en los hoyos 4 y 14, nada más) y reventarlo. Tiger salía primero, tras recuperar la iniciativa en el 16, y ni siquiera su error desde el tee al rough de la izquierda llevó a Jon a modificar el plan y tomar una vía más conservadora, pues al fin y al cabo él seguía mandando en el marcador. De eso nada. El objetivo ya era el que era y no había más que hablar o calibrar: desintegrar la bola. Cuando el Tigre vio salir la suya, mal encaminada, aún trató de sembrar la duda en su oponente poniendo en juego un recurso de viejo sabio...

«Él pegó su golpe y actuó como si la bola estuviera en calle, pero yo tenía la certeza de que estaba en el rough. Mal asunto para él, porque si fallas la calle en ese hoyo es complicado hacer el par, no es fácil llegar a green desde el rough. Me puse en el tee y tenía viento a favor un poco de la izquierda, el mejor que puede tener un pegador de fade como yo para mandarla lejos, muy lejos. Podría decir que aquel fue uno de los mejores drives de mi vida, pero prefiero concretar aún más: seguramente fue el mejor drive que he pegado en mi vida. Salió como un misil, tendida, en línea y a la calle y pensé, qué bien, voy a tener un hierro 9 para tirar a green. Pero cuando llegué y vi dónde estaba, joder, es que tenía sólo 117 metros a bandera, con el viento ahora también favor, pero ligeramente de la derecha. Tiger la deja al borde de green de dos y yo cojo el 52 grados. El corazón se me dispara todavía al recordar cómo iba volando esa bola. Desde que la vi salir sabía que la había clavado. Muchas veces, cuando pego un buen golpe, ni siquiera miro a ver dónde acaba la bola. Sé que es bueno y punto. Esta vez no fue así: voy a mirarla por si la meto, pensé. De verdad, de verdad, según como la vi salir pensaba que era posible meterla. Yo, hasta ese momento no era consciente de todo lo que se estaba organizando en la calle, en el green, el público, los compañeros del equipo. Solamente me acerqué a Adam y le dije, vamos. Pero de repente miro hacia atrás y veo a Rory gritando como un loco, ¡vamoooos! Hay momentos, cuando estoy bajo presión y me meto mucho en lo mío para que no me afecte, que es como si no oyera nada, cero, me oigo a mí mismo y el resto es como una película a cámara lenta, ver a la gente y no oír nada. Es extraño, pero de verdad que para mí el grito de Rory salió sin voz y así está en mi recuerdo. Ahora había que meterse otra vez en la faena después de aquellos dos golpazos que me habían salido. Cuando llegué a green di por hecho que Tiger iba a hacer el par, pero en el peor de los casos yo podía fallar mi putt de birdie y saldría al 18 uno arriba. Así fue, Tiger la dejaba a un metro y yo me puse a mirar mi putt, que era de metro y medio. Estaba tranquilo y confiado nada más mirarlo. Metro y medio, borde derecho. Lo tenía claro y me encantaba porque prefiero un putt al borde derecho que uno recto para ganar un torneo, un partido o lo que sea. Estaba confiado y sereno, dentro de lo que cabe. Es sólo cuestión de segundos pero, mientras hacía mi rutina, pensé en mi aitite —su abuelo—, que había muerto hacía muy poco tiempo, en agosto, y en que, para él, verme en aquella situación habría sido lo más emocionante del mundo. Sentí mucha calma: mi aitite está ahí arriba y pase lo que pase, haga lo que haga, esta bola va dentro. Entonces, justo antes de ir yo a patear alguien gritó aquello de 'hazlo por Seve'. No hombre, no jodas, no grites eso ahora, por favor... Pero bueno, pensé, pues también Seve. Es imposible que con Seve y aitite mirando esta bola no vaya dentro».

Metro y medio, borde derecho. Y la bola entró mansa y obediente. Tocaba celebrar, gritar, abrazarse con Adam Hayes. Y volver a celebrar. Y a gritar. Tocaba darse cuenta de que Tiger, prudente y comprensivo, aguardaba detrás de él para cerrar el match con el pertinente apretón de manos, tocaba pedirle perdón casi con lágrimas en los ojos. «Me doy la vuelta y me doy cuenta de que no había visto a Tiger, le pido perdón y él me dice, no te preocupes, has jugado bien, disfrútalo. Le pedí perdón... Joder, es Tiger Woods. Yo había ganado, está muy bien, pero él había perdido y le pedí perdón por no darme cuenta. Todavía lo siento», señala el de Barrika.

Es imposible poner orden y concierto en las emociones, aún hoy, cuando rememora los minutos siguientes, andando de un lado para otro, corriendo de un lado para otro, subido en un buggie y yendo de un lado a otro, llorando...

«Kelley estaba llorando, mi aita, llorando... Nos fuimos al 15 porque estaba allí Molinari y la Ryder andaba cerca de caer de nuestro lado... Luego ganó Molinari, después Sergio, batiendo el récord de puntos, aunque a mí me pilló abajo, en el 16... Cuando ganamos la Ryder tiré una botella de agua al cielo, que no sé si le dio a alguien, nos tiramos al público, recuerdo estar en medio de la gente con Tommy (Fleetwood), saltando, gritando... Y a Bjorn diciéndome que mi punto había sido muy importante, que le había dado la vuelta al ambiente».

Enseguida, pasada aquella primera hora de pura histeria, un sentimiento profundo de paz y plenitud. Y también de haber cerrado una etapa, ante el dios del golf, porque así lo había querido el destino. Una sensación extraña, que trasciende lo terrenal. «No hay nada que te haga sentir como una Ryder Cup y sobre todo si es la primera. Te dicen que va a ser así, pero cuando lo vives te das cuenta de que todo va más allá. Tanto, que es muy difícil de explicar. Tiempo después tengo la certeza de que era mi destino terminar como terminé después de lo mal que lo pasé los primeros días, de lo mal que pegué a la bola y de las lecciones que aprendí. Todo fue un proceso que me llevó al partido individual contra Tiger Woods, la primera vez en mi vida que jugaba con él, y sobre todo, a aquel hoyo 17, a aquel drive, aquel hierro y aquel putt. Así es como lo veo yo», sentencia Jon.

Epílogo: La última caricia de los dioses

Cerramos el círculo y regresamos al principio: Jon Rahm, señalado por los dioses. Señalado por Phil sobre el mismo terreno. De un modo, si se quiere, físico y químico. Y por la inmensa figura de Tiger, más por una cabriola del azaroso destino, aquel emparejamiento cargado de un simbolismo innegable. Señalado también, o quizá marcado y distinguido, por las propias capacidades y vicisitudes de un modo que va más allá de lo común, por todas las circunstancias que moldearon su indiscutible singularidad.

Sin bajarnos entonces de esta dimensión paranormal, y así la calificamos de tan genuina que es, es probable que no haya mejor modo de cerrar el círculo que revelando una última caricia inexplicable que se dio aquel domingo 30 de septiembre de 2018. Quizá haya reparado en ella algún agudo lector, pero por si acaso es el propio Rahm quien pone el broche y revela una pasmosa y sutil alineación de planetas que tuvo lugar en el momento y el lugar oportunos:

«Si os acordáis y vamos hacia atrás, hasta el hoyo 1 del partido contra Tiger, en el segundo tiro tenía 118 metros a la bandera con algo de viento a favor de la derecha. Entonces, el plan fue: un 52, con la bola un poco más atrás y tres cuartos de swing al draw. Y salió perfecto. Birdie. Pues bien, en el 17 tenía de segundo tiro 117 metros a bandera, con algo de viento a favor de la derecha. Increíble, eran casi exactamente las mismas condiciones y ocurría en el momento definitivo. Si ya traía confianza después del drive que había pegado, aquello sólo ayudó a reforzarla. Así que sólo me dije: es la misma situación, pega el mismo golpe. Sólo eso, pega el mismo golpe».

Y lo clavó.

Agradecimientos

Queremos agradecer a todos los que de una manera u otra han hecho posible este libro que usted tiene en sus manos. Especialmente a Jon Rahm, por su infinita paciencia y generosidad durante esas enriquecedoras horas de charla en Arizona para contar esta historia. También a su familia, con sus padres, Edorta y Ángela a la cabeza, y al resto que con sus valiosos testimonios han ido dando forma a esta obra: Phil Mickelson, Tim Mickelson, Ricardo Relinque, Lee Westwood, Henrik Stenson, Sergio García, José María Olazábal, Álvaro Quirós, Tommy Fleetwood, Eriz Rahm, Gonzalo Fernández Castaño, Eduardo Celles, Jorge Losada, Roberto Lebrija y Joseba del Carmen. Así como, al impagable trabajo de la editorial Lantia, con Chema, Dani y María a la cabeza, y a la colaboración esencial de Jeff Koski, José Manuel Cortizas, Óscar Díaz y José Ángel Peña.

Índice

TERCERA PARTE: DE PHIL **A TIGER**

Printed in Great Britain
by Amazon

46177351R00116